AF338657

SUR LA CHANCE DU *Terne*,
Trois fois de suite.

Pour la totalité des 10 *Ternes* qui peuvent résulter des cinq Numéros sortis :

1.º Au tirage des Lots, ainsi qu'il est mentionné à l'article 8. 52000
2.º Au tirage de la 1.re classe des Primes gratuites. . . . . . . 5000 } *Mises.*
3.º Au tirage de la 2.me classe des Primes gratuites. 3000

SUR LA CHANCE DU *Quaterne*,
Quatre fois de suite.

Pour la totalité des 5 *Quaternes* qui peuvent résulter des cinq Numéros sortis :

1.º Au tirage des Lots, ainsi qu'il est mentionné à l'article 8. 350000
2.º Au tirage de la 1.re classe des Primes gratuites. . . . . . . 75000 } *Mises.*
3.º Au tirage de la 2.me classe des Primes gratuites. 45000
4.º Au tirage de la 3.me classe des Primes gratuites. 30000

SUR LA CHANCE DU *Quine*,
Cinq fois de suite.

Pour le *Quine* qui peut résulter des cinq Numéros sortis :

1.º Au tirage des Lots, ainsi qu'il est mentionné à l'article 8. 1000000
2.º Au tirage de la 1.re classe des Primes gratuites, ... 80000 } *Mises.*
3.º Au tirage de la 2.me classe des Primes gratuites. 60000
4.º Au tirage de la 3.me classe des Primes gratuites. 40000
5.º Au tirage de la 4.me classe des Primes gratuites. 20000

MODÈLE

LOTERIE ROYALE DE FRANCE.

MODÈLE du Billet original. | MODÈLE de la Reconnoissance.

BUREAU N.° 14. Enregistré 9.

TIRAGE du ... mil sept cent soixante-seize.

J'AI reçu la somme de Vingt-cinq livres quatorze sous trois deniers, pour placer au Tirage prochain de la Loterie Royale de France, sur les nombres ci-après, 13, 14, 15, 16, 17, 18, 19, 20, 21, 22 & 23.

La présente Reconnoissance doit être rapportée & échangée contre le Billet original, attendu que les Lots seront payés sur les Billets & non sur les Reconnoissances; & les Actionnaires s'assureront de l'uniformité entre leurs Reconnoissances & les Registres qui seront faits & seront admis en preuves; & dans le cas de quelque différence entre les Reconnoissances & les Registres, les Actionnaires ne pourront prétendre autre chose que la restitution de leurs mises.

FAIT à Paris, le ... 1776.

BUREAU N.° 14. Enregistré 9.

... du ... mil sept cent soixante-seize.

A le payement fait par le Porteur du présent, de la somme de Vingt-cinq livres quatorze sous; il lui sera payé par l'Administration de la Loterie Royale de France, suivant la mise ci-dessous.

SAVOIR:

Pour chaque Lot.

Extrait simple	15
Extrait déterminé	70
Ambe simple	270
Ambe déterminé	4900
Terne	5200
Quaterne	70000
Quine	1000000

Indépendamment des Lots, les Primes gratuites payées comme ci-après,

SAVOIR:

POUR CHAQUE

TABLE DE COMPARAISON des conditions des Loteries Étrangères, & de celles de la LOTERIE ROYALE DE FRANCE.

	Pour un Extrait simple.	Pour un Extrait déterminé.	Pour un Ambe simple.	Pour un Ambe déterminé.		Pour un Terne.		Pour un Quaterne.		Pour un Quine.
				Lots.	Primes.	Lots.	Primes.	Lots.	Primes.	Lots.
	Fch.	Fch.	Fch.	Fch.	Fch.	Fch.	Fch.	Fch.	Fch.	Fch.
En [illegible]	196	67	2464	•	•	3240f	•	•	•	•
En [illegible]	14	67	240	•	•	4800	•	60000	•	•
On accorde En France	15	70	270	4900	300	3000	1er cl. 300 2e cl. 300	70000	1er cl. 15000 2e cl. 3000 3e cl. 6000	100000

POUR expédition du Plan de la Loterie, approuvé par le Roi, pour être annexé à la minute de l'arrêt du Conseil de ce jour trente juin mil sept cent soixante-seize. Signé BERTIN.

ARRÊT
DU CONSEIL D'ÉTAT DU ROI,

Qui fixe à Deux millions de livres par an, l'indemnité due à l'École Royale-militaire, à cause de la suppression de sa Loterie.

Du 30 Juin 1776.

Extrait des Registres du Conseil d'État.

LE ROI ayant supprimé, par l'arrêt rendu cejourd'hui en son Conseil d'État, la Loterie établie par celui du 15 octobre 1757, & dont la jouissance avoit été concédée à l'École Royale-militaire pour trente années, à commencer au 1.ᵉʳ Novembre 1757, Sa Majesté a estimé qu'il étoit de sa justice, d'accorder à la fondation faite par le feu Roi en faveur de la pauvre Noblesse de son Royaume, un dédommagement proportionné au bénéfice que l'École Royale-militaire a retiré de ladite Loterie pendant les dernières années, & de faire jouir de cette indemnité, les nouvelles Écoles Royales que Sa Majesté a jugé à propos de substituer à l'École Militaire par sa Déclaration du 1.ᵉʳ Février dernier. A quoi voulant pourvoir : Ouï le rapport du sieur de Clugny, Conseiller ordinaire au Conseil Royal, Contrôleur général des Finances ; LE ROI ÉTANT EN SON CONSEIL, a ordonné & ordonne : Que le dédommagement qui est dû à la fondation faite par le feu Roi, en faveur de la pauvre Noblesse de son Royaume, à cause de la suppression de la Loterie établie par l'arrêt du 15 octobre 1757, sera & demeurera fixé à la somme de Deux millions de livres par chaque année, à compter du 6 août prochain, jusqu'au 1.er Novembre 1787, laquelle sera payable de six mois en six mois par le Garde de son Trésor royal en exercice, sur les ordonnances qui seront expédiées chacune année à cet effet, en la manière accoutumée, & en une assignation sur le produit des Fermes générales que Sa Majesté a spécialement affecté à ladite indemnité, laquelle sera payée entre les mains du sieur de Biercourt, Trésorier des nouvelles Écoles Militaires. Veut & entend Sa Majesté que lesdites sommes soient employées chaque année par ledit sieur de Biercourt, au profit desdites nouvelles Écoles Royales - militaires, sur les ordres du Secrétaire d'État ayant le département de la guerre, comme Chef & Surintendant de l'administration des biens & revenus de la fondation du feu Roi, suivant & conformément à la Déclaration du 1.er février dernier. FAIT au Conseil d'État du Roi, Sa Majesté y étant, tenu à Marly le trente juin mil sept cent soixante-seize. *Signé* AMELOT.

CHAPITRE SIXIÈME.

UNION de la Manſe abbatiale de l'Abbaye de Saint-Jean de Laon, Ordre de Saint-Benoît, à la Chapelle de l'École Royale-militaire.

ARRÊT *du Conſeil d'État du Roi, du 20 avril 1755, qui ordonne que les revenus de la Manſe abbatiale de l'abbaye de Saint-Jean de Laon, feront remis & acquittés au Tréſorier de l'École Royale-militaire. —— Arrêt du Conſeil d'État du Roi, du 3 janvier 1756, qui ordonne que le Conſeil de l'École Royale-militaire fera procéder juridiquement, conjointement avec les Héritiers du feu ſieur Évêque d'Auxerre, à la viſite des réparations des biens dépendans de la Manſe abbatiale de l'abbaye de Saint-Jean de Laon. —— Brevet d'union de la Manſe abbatiale de l'abbaye de Saint-Jean de Laon à la Chapelle de l'École Militaire. —— Lettre du Roi au Pape. —— Lettre du Roi à M. le Marquis de Stainville, Ambaſſadeur de Sa Majeſté à Rome. —— Arrêt du Conſeil d'État du Roi, du 14 mai 1757, qui autoriſe le Conſeil de l'École Militaire à renouveller les Baux des biens de la Manſe abbatiale de l'abbaye de Saint-Jean de Laon. —— Bulla unionis monaſterii Sancti Joannis Laudunenſis, Ordinis Sancti Benedicti, Capellæ Scholæ Regiæ Militaris, Civitatis Pariſienſis. —— Décret de fulmination des Bulles d'union. —— Acte capitulaire des Religieux, Prieur & Communauté de l'abbaye de Saint-Jean de Laon, par lequel la Communauté de ladite Abbaye, conſtitue le R. P. Dom Charles Navelot, Prieur de ladite Abbaye, aux fins de comparoir & de ſe préſenter à ladite fulmination. —— Requête préſentée à M. l'Official de Laon, Commiſſaire délégué de N. S. P. le Pape & Sous-prieur de l'abbaye de Saint-Jean de Laon, Ordre de*

Saint-Benoît, Congrégation de Saint-Maur, par laquelle il dit qu'il lui a été remis entre les mains un acte du 15 octobre 1760, signé Frère Joseph Delrue, Supérieur général de ladite Congrégation de Saint-Maur, & au-dessous, Frère Étienne le Picard, Secrétaire, portant consentement par ledit Supérieur général à la fulmination de la Bulle d'extinction & d'union de l'abbaye de Saint-Jean de Laon, à la Chapelle de l'Hôtel de l'École Royale-militaire, & d'incorporation des revenus de la Manse abbatiale à ladite Chapelle. — Acte de prise de possession civile des biens dépendans de la Manse abbatiale de l'abbaye de Saint-Jean de Laon. — Lettres patentes sur Bulles & Sentences de fulmination, portant suppression du titre de l'abbaye de Saint-Jean de Laon, & union des biens, droits & revenus de la Manse abbatiale à la Chapelle de l'École Royale-militaire. — Arrêt d'enregistrement desdites Lettres patentes. — Lettres patentes du Roi, du 24 juillet 1766, portant fixation à une somme de Douze mille livres de la dotation accordée à la Chapelle de l'École Royale-Militaire, par l'extinction du titre de l'abbaye de Saint-Jean de Laon, & l'union de la Manse en dépendante, à ladite Chapelle.

ARRÊT
DU CONSEIL D'ÉTAT DU ROI.

Qui ordonne que les revenus de la Manse abbatiale de l'abbaye de Saint-Jean de Laon, seront remis & acquittés au Trésorier de l'École Royale-militaire.

Du 20 Avril 1755.

Extrait des Registres du Conseil d'État.

LE ROI ayant jugé à propos de réunir à la Chapelle qui sera construite à son École Militaire, la Manse abbatiale de l'abbaye de Saint-Jean de Laon, qui a vaqué le 3 Avril de l'année dernière, par le décès du sieur de Caylus, Évêque d'Auxerre, dernier titulaire, pour en appliquer les revenus à l'entretien des Prêtres qui desserviront ladite Chapelle ; à l'achat des Vases sacrés, Vaisselle d'argent, & Ornemens nécessaires pour le Service divin ; & enfin, à celui des Sœurs qui seront choisies pour avoir soin des Malades & des Infirmeries, après toutefois que les charges ordinaires & extraordinaires, & réparations auxquelles ladite Manse abbatiale peut être tenue, auront été préférablement acquittées. SA MAJESTÉ ÉTANT EN SON CONSEIL, a ordonné & ordonne : Qu'à compter du 2 du mois de Mars dernier, les sieurs Mény & Marchal, Receveurs généraux des Économats, cesseront de faire la régie des revenus de la Manse abbatiale de Saint-Jean de Laon, & qu'à compter dudit jour lesdits revenus seront remis & acquittés au Trésorier de l'École Militaire, pour, par lui, en conséquence de ce qui lui sera prescrit par le Conseil de ladite École, être employés, sans aucun divertissement, aux achats des Vases sacrés, Vaisselle d'argent, & Ornemens nécessaires pour la décence du Service divin qui se fera à la Chapelle de ladite École ; à l'entretien des Prêtres qui devront le remplir, & des Sœurs de la Charité qui seront chargées du soin des Malades & des Infirmeries. Veut & entend en outre Sa Majesté que ledit Trésorier, sous les ordres du même Conseil, acquitte sur lesdits revenus, avant toute autre destination, les charges ordinaires, extraordinaires, réparations, & autres, auxquelles la susdite manse abbatiale peut être tenue. FAIT au Conseil d'État du Roi, Sa Majesté y étant, tenu à Versailles le vingt avril mil sept cent cinquante-cinq. *Signé* PHELYPEAUX.

Et au-deſſous eſt écrit :

Le vingtième jour de novembre 1755, à la requête de M.° Gaëtan-Lambert Dupont, Tréſorier de l'Hôtel de l'École Royale-militaire, qui a élu domicile en ſa demeure à Paris, rue des Ballets, paroiſſe Saint-Paul, à l'hôtel de la Force, le préſent arrêt du Conſeil, rendu du mouvement du Roi, a été ſignifié, & d'icelui laiſſé copie aux fins y contenues ; 1.° Au ſieur François Lamarre (a), Fermier de la Manſe abbatiale de l'abbaye de Saint-Jean de Laon, en ſon domicile à Paris, rue Sainte-Appoline, paroiſſe Saint Laurent, en parlant à ſon Laquais ; 2.° & au ſieur Auguſtin Éloy, auſſi Fermier de la même Manſe abbatiale, en ſon domicile à Paris, rue Saint-Martin, près la rue Beaubourg, en parlant à la demoiſelle ſa Fille, à ce qu'ils n'en ignorent, & aient à ſe conformer audit arrêt en ce qui les concerne, par nous Huiſſier ordinaire du Roi en ſes Conſeils, ſouſſigné.

Signé DESESTRE.

(a) Feu M. de Caylus, Évêque d'Auxerre, a joui de cette Abbaye cinquante-ſix ans. Il n'en a tiré pendant preſque tout ce temps-là que dix mille francs, charges déduites. Le 22 août 1736, il l'afferma 11500 livres au ſieur Fabus pour neuf années. En 1744 il l'afferma au même ſieur Fabus, auſſi pour neuf années, moyennant la ſomme de 14000 livres. Ce bail étoit ſur le point d'expirer lorſque M. de Caylus mourut. L'Abbaye fut régie après ſa mort par les Economes-ſéqueſtres, qui l'affermèrent à des Particuliers de Paris 14500 livres pour trois années. Ces Fermiers généraux forcèrent la main aux Fermiers particuliers, & cependant payèrent très-mal, puiſqu'ils n'ont pas encore ſoldé leurs fermages. A l'expiration de leur bail, l'École Militaire, pour ne pas ruiner les Fermiers particuliers qui avoient déjà beaucoup ſouffert, fut obligée de ramener les choſes à leur état naturel ; de ſorte que, toutes charges ordinaires déduites, y compris les décimes qui excèdent quatre mille francs, elle ne tire qu'environ quatorze mille francs de cette Abbaye ; & il s'en faut de beaucoup que cette ſomme ſoit ſuffiſante pour remplir les objets auxquels le Roi l'a deſtinée.

Par Lettres patentes du 14 juillet 1766, les Religieux de l'Abbaye de Saint-Jean de Laon ſont tenus de payer à l'École Royale-militaire, une rente annuelle de 12000 livres, au moyen de laquelle ils jouiſſent de tous les biens & revenus de cette Abbaye,

ARRÊT

ARRÊT
DU CONSEIL D'ÉTAT DU ROI,

Qui ordonne que le Conseil de l'École Militaire fera procéder juridiquement, conjointement avec les Héritiers du feu sieur Évêque d'Auxerre, à la visite des réparations des biens dépendans de la Manse abbatiale de l'abbaye de Saint-Jean de Laon.

Du 3 Janvier 1756.

Extrait des Registres du Conseil d'État.

SUR la requête présentée au Roi, par Louis-Abraham de Tubières de Grimoard Pestel de Levy, Duc de Caylus, Marquis de Tubières, Chevalier de la Toison d'or, Grand-d'Espagne de la première classe, & par Dame Catherine Robert de Lignerac, veuve de messire Nicolas-Balthazar de Langlade, Chevalier, Vicomte du Chayla, Commandeur des Ordres du Roi, héritier par bénéfice d'inventaire de Charles-Gabriel de Pestel de Levy de Tubières, de Caylus, Évêque d'Auxerre, dernier titulaire de l'abbaye de Saint-Jean de Laon, Ordre de Saint-Benoît, contenant : Que Sa Majesté ayant jugé à propos de réunir à la Chapelle qui sera construite à son École Militaire, la Manse abbatiale de ladite Abbaye, Elle a ordonné, par un arrêt rendu en son Conseil le 20 avril 1755, qu'à compter du 2 du mois de Mars précédent, les sieurs Mesny & Marchal, Receveurs généraux des Écomats, cesseroient de faire la régie des revenus de ladite

Dddd

Manfe, & qu'à compter du même jour lefdits revenus feroient remis & acquittés au Tréforier de l'Hôtel de ladite École; jufqu'à préfent les formes néceffaires pour confommer cette réunion, n'ont pas pu être remplies, & comme il pourroit encore fe paffer bien du temps avant qu'elles le fuffent, il eft de l'intérêt des Supplians que les réparations de ladite Abbaye, qui font partie des charges de la fucceffion dudit feu fieur Évêque d'Auxerre, foient conftatées. A ces caufes, requéroient les Supplians qu'il plaife à Sa Majefté commettre telle perfonne qu'Elle jugera à propos, pour faire procéder aux procès-verbaux des réparations des églifes, maifons, bâtimens & biens dépendans de ladite Abbaye, dont la fucceffion dudit feu fieur Évêque d'Auxerre peut être tenue; comme auffi à la vérification des bois, pour en reconnoître les dégradations, s'il en a été fait. Vu ladite requête : Ouï le rapport; SA MAJESTÉ ÉTANT EN SON CONSEIL, a ordonné & ordonne : Que le Confeil de l'Hôtel de fon École Militaire, fera procéder juridiquement, conjointement avec lefdits Héritiers par bénéfice d'inventaire dudit feu fieur Évêque d'Auxerre, par Experts convenus ou nommés d'office devant le plus prochain Juge royal des lieux, à la vifite des réparations qui font à faire aux églifes, maifons, bâtimens, terres & biens dépendans de ladite abbaye de Saint-Jean de Laon, dont la fucceffion dudit feu fieur Évêque d'Auxerre peut être tenue ; comme auffi à la vérification des bois de ladite Abbaye, pour reconnoître s'il n'y a été fait aucunes dégradations, pour être lefdites réparations & les frais néceffaires pour lefdites vifites & vérifications, pris fur les deniers étant entre les mains des Économes-fequeftres des bénéfices y provenant des revenus & effets de ladite fucceffion, fuivant les procès-verbaux qui en feront dreffés. FAIT au Conseil d'État du Roi, Sa Majefté y étant, tenu à Verfailles le trois janvier mil fept cent cinquante-fix. *Signé* PHELYPEAUX.

LOUIS, PAR LA GRÂCE DE DIEU, ROI DE FRANCE ET DE NAVARRE : Au premier notre Huiffier ou Sergent fur ce requis : Nous te commandons par ces préfentes fignées de notre main, de fignifier à tous ceux qu'il appartiendra, à ce qu'ils n'en ignorent, l'arrêt ci-attaché fous le contre-fcel de notre Chancellerie, cejourd'hui rendu en notre Confeil d'État, Nous y étant, pour les caufes y mentionnées ; de ce faire te donnons pouvoir, commiffion & mandement fpécial ; & de faire en outre pour l'entière exécution dudit arrêt, tous exploits, fignifications & autres actes de Juftice que befoin fera, fans pour ce demander autre permiffion : CAR TEL EST NOTRE PLAISIR. Donné à Verfailles le troifième jour du mois de janvier, l'an de grâce mil fept cent cinquante-fix, & de notre règne le quarante-unième. *Signé* LOUIS. *Et plus bas*, Par le Roi. *Signé* PHELYPEAUX. Et fcellé.

BREVET D'UNION

De la Manfe abbatiale de l'abbaye de Saint - Jean de Laon à la Chapelle de l'École Royale-militaire.

AUJOURD'HUI premier du mois de Novembre mil fept cent cinquante-fix, le Roi étant à Fontainebleau, s'étant fait repréfenter l'Édit du mois de Janvier mil fept cent cinquante-un, par lequel Sa Majefté a fondé & établi une École Royale-militaire, pour le logement, la subsistance, l'entretien & l'éducation de cinq cents jeunes Gentilshommes de son Royaume, nés sans biens : Et voulant commencer la dotation de la Chapelle d'un établissement aussi utile à la Noblesse, Sa Majesté a consenti & consent à l'extinction & suppression du Titre de l'abbaye de Saint-Jean de Laon, Ordre de Saint-Benoît, vacante par le décès du feu sieur de Caylus, Évêque d'Auxerre, pour la Manse de ladite Abbaye (laquelle est séparée de la Manse conventuelle) être ensemble tous les droits, domaines, fruits & revenus dépendans de ladite Manse abbatiale, unis & incorporés à perpétuité à la Chapelle qui sera érigée en l'Hôtel de ladite École Royale-militaire, & desservie par des Prêtres amovibles ; se réservant Sa Majesté les nominations, présentations ou collations de tous les Bénéfices dépendans de ladite Abbaye, à l'exception seulement des Bénéfices-cures, qui demeureront à la disposition des Évêques dans les Diocèses desquels ils sont situés ; m'ayant Sa Majesté commandé d'expédier toutes lettres & dépêches nécessaires en Cour de Rome pour l'obtention des Bulles de suppression du Titre de ladite Abbaye, & union de ladite Manse abbatiale à ladite Chapelle ; & cependant le présent Brevet, qu'Elle a pour assurance de sa volonté signé de sa main, & fait contre-signer par moi Conseiller Secrétaire d'État, & de ses Commandemens & Finances. *Signé* LOUIS. *Et plus bas,* PHELYPEAUX.

LETTRE DU ROI AU PAPE.

TRÈS-SAINT PÈRE, Nous avons fondé & établi une École Royale-militaire pour y faire élever fous nos yeux cinq cents jeunes Gentilshommes de notre Royaume, nés fans biens, dans le choix defquels nous préférons ceux qui en perdant leurs Pères à la guerre, font devenus les Enfans de l'État; & voulant commencer la dotation de la Chapelle d'un établiffement auffi utile à la Nobleffe, Nous avons confenti & confentons, fous le bon plaifir de Votre Sainteté, que le Titre de l'abbaye de Saint-Jean de Laon, Ordre de Saint-Benoît, vacante par le décès du feu fieur de Caylus, Évêque d'Auxerre, foit éteint & fupprimé, & que la Manfe abbatiale, (laquelle eft féparée de la Manfe conventuelle) avec tous les droits, domaines, fruits & revenus en dépendans, foit unie & incorporée à perpétuité à la Chapelle qui fera érigée en l'Hôtel de ladite École Royale-militaire, & deffervie par des Prêtres amovibles; les nominations, préfentations, ou collations de tous les Bénéfices dépendans de ladite Abbaye, nous demeurant réfervées, à l'exception feulement de celles des Bénéfices-cures, qui demeureront à la difpofition des Évêques dans les Diocèfes defquels ils font fitués, fuivant les mémoires & fupplications plus amples qui en feront préfentés à Votre Sainteté. Sur ce, nous prions Dieu, TRÈS-SAINT PÈRE, qu'il vous conferve longues années au régime & gouvernement de notre Mère fainte Églife. Écrit à Fontainebleau le premier jour de novembre mil fept cent cinquante-fix. Votre dévot Fils le Roi de France & de Navarre. *Signé* LOUIS. *Et plus bas,* PHELYPEAUX.

LETTRE DU ROI

A Monsieur le Marquis de Stainville, Ambassadeur de Sa Majesté à Rome.

Mons. le Marquis de Stainville, voulant commencer la dotation de la Chapelle qui sera érigée en l'Hôtel de notre École Royale-militaire, & desservie par des Prêtres amovibles; j'ai consenti & consens que le Titre de l'abbaye de Saint-Jean de Laon, Ordre de Saint-Benoît, vacante par le décès du feu sieur de Caylus, Évêque d'Auxerre, soit éteint & supprimé, & que la Manse abbatiale (laquelle est séparée de la Manse conventuelle) avec tous les droits, domaines, fruits & revenus en dépendans, soit unie & incorporée à perpétuité à ladite Chapelle de notre École Royale-militaire; me réservant les nominations, présentations & collations de tous les Bénéfices dépendans de ladite Abbaye, à l'exception seulement de celles des Bénéfices-cures, qui demeureront à la disposition des Évêques dans les Diocèses desquels ils sont situés; sur quoi je vous écris cette Lettre, pour vous dire que j'aurai bien agréable que vous fassiez en mon nom toutes les poursuites nécessaires pour l'obtention des Bulles Apostoliques d'extinction du Titre de ladite Abbaye, & d'union des revenus d'icelle, à ladite Chapelle; lesdites présentations, nominations, ou collations, me demeurant réservées, à l'exception de celles desdits Bénéfices-Cures. Sur ce, je prie Dieu, qu'il vous ait, Mons. le Marquis de Stainville, en sa sainte garde. Écrit à Fontainebleau le premier jour de novembre mil sept cent cinquante-six. *Signé* LOUIS. *Et plus bas,* PHELYPEAUX.

ARRÊT
DU CONSEIL D'ÉTAT DU ROI,

Qui autorise le Conseil de l'École Militaire à renouveler pour trois, six ou neuf années les baux des biens dépendans de la Manse abbatiale de l'abbaye de Saint-Jean de Laon.

Du 14 Mai 1757.

Extrait des Registres du Conseil d'État.

LE ROI s'étant fait représenter les arrêts de son Conseil d'État des 20 avril 1755 & 3 janvier 1756; par le premier desquels Sa Majesté auroit ordonné, qu'à compter du 2 Mars précédent, les sieurs Mesny & Marchal, Receveurs généraux des Économats, cesseroient de faire la régie des revenus de la Manse abbatiale de Saint-Jean de Laon, & qu'à compter dudit jour lesdits revenus seroient remis au Trésorier de l'École Militaire, pour par lui, en conséquence de ce qui lui seroit prescrit par le Conseil de ladite École, être employés sans aucun divertissement aux achats des Vases sacrés, vaisselle d'argent & ornemens nécessaires pour la décence du Service divin qui se fera à ladite École, à l'entretien des Prêtres qui devront le remplir, & des Sœurs de la Charité, qui seront chargées du soin des Malades & des Infirmeries; & en outre que ledit Trésorier, sous les ordres dudit Conseil, acquitteroit sur lesdits revenus avant toute autre destination, les charges ordinaires & extraordinaires, réparations & autres, dont ladite Manse abbatiale peut être tenue. Et par le second desquels arrêts, Sa Majesté auroit ordonné que le Conseil de son École Militaire feroit procéder juridiquement, conjointement avec les héritiers par bénéfice d'inventaire du feu sieur de Caylus, Évêque d'Auxerre, dernier Titulaire de ladite abbaye de Saint-Jean de Laon, par Experts convenus ou nommés d'office, par-devant le plus prochain Juge royal des lieux, à la visite des réparations étant à faire aux églises, maisons, bâtimens, terres & biens dépendans de ladite Abbaye, dont la succession dudit sieur Évêque d'Auxerre pouvoit être tenue ; comme aussi à la vérification des bois de ladite Abbaye, pour reconnoître s'il n'y avoit été fait aucunes dégradations, & que lesdites réparations & les frais nécessaires pour lesdites visites & vérifications, seroient pris sur les deniers étant entre les mains desdits Économes-sequestres, provenans des revenus & effets de ladite succession, suivant les procès-verbaux qui en seroient dressés, en exécution duquel arrêt il auroit été procédé à ladite visite, & les Fermiers de ladite Abbaye auxquels lesdits Économes-sequestres en avoient passé le bail général le 27 Janvier 1755, pour trois années, commencées au 1.er dudit mois de Janvier 1755, auroient payé leurs fermages entre les mains dudit Trésorier de l'École Militaire ; & depuis Sa Majesté, par son Brevet donné à Fontainebleau le 1.er Novembre 1756, pour commencer la dotation de la Chapelle dudit Hôtel, ayant consenti à l'extinction & suppression du Titre de ladite Abbaye, pour être tous les droits, domaines, fruits & revenus dépendans de la Manse abbatiale (laquelle est séparée de la Manse conventuelle) unis & incorporés à perpétuité à la Chapelle dudit Hôtel, à l'effet de quoi Sa Majesté

auroit

permis de solliciter en Cour de Rome toutes Bulles & expéditions nécessaires. Mais lesdites Bulles d'extinction & union n'ayant point encore été expédiées, quelques diligences qui aient été faites par le Conseil de ladite École Militaire, & ledit bail général devant expirer au dernier Décembre 1757, ce qui rend infiniment pressant de le renouveler en bail général ou en baux particuliers, ainsi qu'il sera jugé le plus à propos par ledit Conseil; & d'ailleurs ladite École Militaire devant être regardée comme saisie des fruits & revenus de ladite Manse abbatiale, tant en vertu dudit arrêt du Conseil d'État du 20 avril 1755, que dudit Brevet de consentement de Sa Majesté à leur union à ladite École Militaire. Ouï le rapport : Tout considéré; SA MAJESTÉ ÉTANT EN SON CONSEIL, a, en tant que de besoin, autorisé & autorise le Conseil dudit Hôtel de l'École Militaire, à renouveler au nom dudit Conseil, & dès maintenant, pour trois, six ou neuf années, le bail général de ladite Manse abbatiale de Saint-Jean de Laon, en un seul bail général ou en baux particuliers, le tout ainsi qu'il sera jugé le plus à propos par ledit Conseil, pour le prix, soit dudit bail général, soit desdits baux particuliers, être payé entre les mains du Trésorier de ladite École Militaire, dans les termes qui y seront stipulés, & par lui employé conformément à ce qui lui sera prescrit par le Conseil de ladite École. Ordonne cependant Sa Majesté, que ledit Conseil sera tenu de continuer ses poursuites & diligences en Cour de Rome, à l'effet d'obtenir les Bulles nécessaires d'extinction, suppression & union : comme aussi que, jusqu'à ce qu'il les ait obtenues, & ensuite les Lettres patentes de Sa Majesté confirmatives d'icelles, s'il y a lieu, ensemble l'arrêt d'enregistrement, tant desdites Bulles, que desdites

Eeee

Lettres patentes, il fera furfis à toutes pourfuites des inf-
tances, ou procès intentés avant la vacance de ladite
Abbaye, pour raifon des biens & droits qui peuvent lui
appartenir, fans qu'elles puiffent être continuées de part
ni d'autre, ni la prefcription être oppofée refpectivement:
N'entend Sa Majefté que jufqu'après l'obtention defdites
Bulles, Lettres patentes & arrêts d'enregiftrement d'icelles,
ledit Confeil de l'École Militaire puiffe faire aucunes
pourfuites autres que pour le recouvrement des droits,
fruits & revenus, dont le dernier Titulaire étoit en poffeffion lors de fon décès, fans qu'en cas de conteftation,
il puiffe être rien ftatué fur le fond defdits droits. FAIT
au Confeil d'État du Roi, Sa Majefté y étant, tenu à
Verfailles le quatorze mai mil fept cent cinquante-fept.

Signé PHELYPEAUX.

LOUIS, PAR LA GRÂCE DE DIEU, ROI DE
FRANCE ET DE NAVARRE : Au premier notre
Huiffier ou Sergent fur ce requis; Nous te commandons
par ces préfentes, fignées de notre main, de fignifier à
tous ceux qu'il appartiendra, à ce qu'ils n'en ignorent,
l'arrêt ci-attaché fous le contre-fcel de notre Chancellerie, cejourd'hui rendu en notre Confeil d'État, Nous
y étant, pour les caufes y mentionnées; de ce faire, te
donnons pouvoir, commiffion & mandement fpécial; &
de faire en outre, pour l'entière exécution dudit arrêt,
tous exploits, fignifications & autres actes de Juftice que
befoin fera, fans pour ce demander autre permiffion:
CAR TEL EST NOTRE PLAISIR. Donné à Verfailles
le quatorzième jour de mai, l'an de grâce mil fept cent
cinquante-fept, & de notre règne le quarante-deuxième.
Signé LOUIS. *Et plus bas*, Par le Roi. *Signé* PHELYPEAUX.

BULLA UNIONIS

Monasterii Sancti Joannis Laudunensis, Ordinis Sancti Bene-
dicti, Capellæ Scholæ Regiæ Militaris, Civitatis Parisiensis.

CLEMENS Episcopus, Servus Servorum Dei, dilecto
Filio Officiali venerabilis Fratris noftri Epifcopi Laudunenfis ; Salutem & Apoftolicam Benedictionem. Decet
Romanum Pontificem, cui gregis Dominici cura divinitus
eft commiffa, pro fui paftoralis officii debito, illuftrium
perfonarum Regiâ Majeftate fulgentium votis quæ pro
utilitate Regnorum funt maximè profutura, paternæ
confiderationis intuitu libenter intendendo, Scholarum ad
nobilis juventutis, præfertim in bello genitoribus orbatæ,
in armorum per quæ eorumdem Regnorum jura tuentur
difciplinâ inftruendæ, ab eifdem illuftribus Perfonis novi-
ter ingentibus pecuniarum fummis ad hoc de proprio
ærario liberaliter erogatis, erectarum manutentioni, earumque fecuriori durationi, etiam per unionis monafteriorum
Regiæ nominationis earumdem Scholarum. Capellis, pro
congruis Miniftris fuftentandis, minifterium, apoftolico
præfidio adeffe, ac alias ejufdem officii partes favora-
biliter interponere, ut Scholæ ipfæ earumque Capellæ
ad hoc votivis gratulentur eventibus, ac debita in fpiri-
tualibus & temporalibus fufcipiant incrementa, prout
perfonarum hujufmodi, ac locorum & temporum qua-
litatibus maturâ deliberatione penfatis, confpicit in Domino
falubriter expedire.

Exhibita fi quidem nobis nuper pro parte chariffimi
in Chrifto Filii noftri Ludovici Francorum & Navarræ

Regis Christianissimi petitio continebat, quod ipse Scholam Militarem Regiam nuncupatam, in quâ quingenti probatæ nobilitatis adolescentes fortunæ bonis destituti, & præ cæteris præferendi illi, qui amissis in bello genitoribus filii status & patriæ effecti sunt, sub oculis suis accuratè educentur, & ad omne virtutum genus illis conveniens diligenter instruantur in civitate Parisiensi, propriis ærarii sui sumptibus fundari, institui & stabiliri, & ad hunc effectum magnificentissimæ structuræ domum construi & fabricari innatâ sibi Regiâ munificentiâ procuravit, ac inibi Capellam per Presbyteros, seu Capellanos amovibiles, qui dictos adolescentes in fide Catholicâ, Apostolicâ & Romanâ instruant, ac illorum animarum saluti sedulo invigilent, deserviendam erigi fecit.

Cùm autem, sicut eadem petitio subjungebat, prædictæ Capellæ illiusque Presbyterorum, seu Capellanorum, aliorumque Ministrorum manutentione, sustentatione & subsistentiâ non exigua dotatio sit necessaria, ad hoc ut dotationi hujusmodi aliquomodò provideatur, dictus Ludovicus Rex infrà scriptum Monasterium eidem Capellæ uniri plurimùm desideret; si igitur monasterium Sancti Joannis Laudunensis, Ordinis Sancti Benedicti, ad quod, dum illud pro tempore vacat, nominatio personæ idoneæ Romano Pontifici pro tempore existenti facienda, ad pro tempore existentem Francorum Regem Christianissimum vigore concordatorum dudum inter Sedem Apostolicam & claræ memoriæ Franciscum primum, olim eorumdem Francorum Regem, super nominatione Personarum certis inibi expressis modis qualificatarum ad ecclesias & monasteria Regni Franciæ privilegio eligendi non suffulta, pro tempore vacantia promovendarum per Regem Franciæ pro tempore existentem faciendâ initorum, spectat

& pertinet, & quòd bonæ memoriæ Carolus-Gabriel de Peſtel de Tubiere de Levy de Caylus, dum viveret epiſcopus Autiſſiodorenſis, in commendam ad ſui vitam ex conceſſione & diſpenſatione apoſtolicis, etiam dum viveret, obtinebat, ac quòd commendâ hujuſmodi, in quam primodictum monaſterium ex ſimili conceſſione apoſtolicâ ad vitam obtineri conſuevit, per obitum dicti Caroli-Gabrielis epiſcopi illius pariter, dùm viveret, ultimi poſſeſſoris commendatarii, qui extra Romanam Curiam debitum naturæ perſolvit, ceſſante adhuc eo quo ante commendam ipſam vacabat modo ad præſens vacat, dictæ Capellæ ut infra perpetuo uniretur, ex hoc profectò eidem Capellæ illiuſque Preſbyterorum, ſeu Capellanorum, aliorumque Miniſtrorum manutentioni, ſuſtentationi & ſubſiſtentiæ aliquo modo provideretur; quare pro parte dicti Ludovici Regis Nobis fuit humiliter ſupplicatum, quatenus ipſum & pia ejus deſideria hujuſmodi paternæ apoſtolicæ charitatis affectu complecti, de benignitate apoſtolicâ dignaremur.

Nos igitur proſpero & felici dictæ Capellæ ſtatui & ſucceſſui in præmiſſis opportunè providere, eidemque Ludovico Regi ſpecialem gratiam facere volentes, ac alias uniones dictæ Capellæ hactenus forſan factas, ſi quæ ſint, verumque & ultimum primodicti monaſterii vacationis modum, etiamſi ex illo quævis generalis reſervatio, etiam in corpore juris clauſa reſultet, præſentibus pro expreſſis habentes, quique dudum inter alia voluimus quod petentes beneficia eccleſiaſtica aliis uniri, tenerentur exprimere verum annuum valorem ſecundùm communem æſtimationem, tam beneficii uniendi, quàm illius cui uniri petitur, alioquin unio non valeret, & in unionibus ſemper commiſſio fieret ad partes, vocatis quorum intereſt, ex voto

Congregationis venerabilium fratrum noſtrorum Sanctæ
Romanæ Eccleſiæ Cardinalium rebus conſiſtorialibus præ-
poſitæ, diſcretioni tuæ per apoſtolica ſcripta mandamus,
quatenus vocatis, qui ad id fuerint evocandi, primodictum monaſterium, cui cura non imminet animarum, ac
cujus fructus, redditus & proventus ad ter mille florenos
auri in libris Cameræ apoſtolicæ, ut accepimus, taxati
reperiuntur, quoviſmodo, aut ex alterius cujuſcumque
perſonâ, ſeu per liberam dicti Caroli-Gabrielis Epiſcopi,
vel cujuſvis alterius ceſſionem de primodicto monaſterio
illiuſque regimine & adminiſtratione in Romanâ Curiâ
vel extra eam etiam coram Notario publico & teſtibus
ſponte factam, aut aſſecutionem alterius beneficii Eccle-
ſiaſtici ordinariâ auctoritate collati, commendâ præfatâ
ceſſante, vacet, etiamſi tanto tempore vacaverit, quod
ejus proviſio juxta Lateranenſis ſtatuta Concilii ad ſedem
præfatam legitimè devoluta exiſtat, illaque ex quâvis cauſâ
ad ſedem eamdem ſpecialiter vel generaliter pertineat, &
ad illud conſueverit quis per electionem aſſumi, eique cura
juriſdictionalis tantùm immineat, & de illo conſiſtorialiter
diſponi conſueverit, ſeu debeat, ac ſuper regimine & adminiſtratione primodicti monaſterii inter aliquos iis in illius
petitorio vel poſſeſſorio, aut quaſi moleſtiâ, cujus ſtatum
præſentibus haberi volumus pro expreſſo, pendeat inde-
ciſa, dummodo tempore datæ præſentium primodicto
monaſterio de Abbate proviſum, aut illiud alteri canonicè
commendatum non exiſtat, illiuſque titulum collativum,
naturam & eſſentiam regulares & denominationem Abbatis in illo & jus nominandi ad illud dicto Ludovico Regi,
ut præfertur, competens, menſamque abbatialem tantùm
primodicti monaſterii quæ à menſâ conventuali ſeparata
& diſtincta exiſtit, cum omnibus ſuis juribus, prærogativis

ac præeminentiis quibuscumque de ipsius Ludovici Regis consensu & sine alicujus præjudicio, auctoritate nostrâ perpetuò supprimas & extinguas.

Ac ejusdem mensæ abbatialis tantùm sic, ut præfertur, suppressæ & extinctæ omnes & singulos fructus, redditus & proventus, jura, obventiones & emolumenta quæcumque, nec non terras, dominia, feudos, fundos & pertinentias quascumque ad mensam abbatialem hujusmodi tantùm quomodolibet spectantia & pertinentia, cujuscumque nominis, naturæ, speciei, quantitatis & qualitatis existant, sine ullâ exceptione & reservatione, dictæ Capellæ, ita quod liceat illius nunc & pro tempore existentibus administratoribus fructuum, reddituum, proventuum, jurium, terrarum, dominiorum, fundorum, feudorum, pertinentiarum, obventionum & emolumentorum universorum præfatorum veram, realem, corporalem & actualem possessionem per se vel alium seu alios propriâ auctoritate liberè apprehendere & apprehensam perpetuò retinere, illaque locare, dislocare, arrendare, exigere, percipere, levare & recuperare, ac in dictæ Capellæ usus, utilitatem, necessitates & manutentionem convertere, Diœcesani loci vel cujusvis alterius licentiâ desuper minimè requisitâ, supportatis tamen per nunc & pro tempore existentes dictæ Capellæ administratores præfatos omnibus & singulis oneribus antea per primodicti monasterii abbatem seu perpetuum commendatarium supportari solitis, ac firmis, salvis & illæsis remanentibus mensâ conventuali præfatâ primodicti monasterii illiusque prioris claustralis, ac monachorum juribus, etiam quoad illorum numerum, ac fructibus, redditibus, proventibus, juribus & pertinentiis quibuscumque ad mensam conventualem præfatam spectantibus, auctoritate nostrâ præfatâ, de ejuſdem Ludovici Regis conſenſu, etiam perpetuò unias, annectas & incorpores.

Jus Regi ad Prioratus & Beneficia ſimplicia nominandi.

Ac inſuper jus nominandi ſeu præſentandi perſonas idoneas ad curâ conventuque carentes prioratus cæteraque beneficia eccleſiaſtica curam tamen animarum minimè annexam habentia & extra Romanam Curiam præfatam, tantùm vacantes & vacantia & a primodicto monaſterio dependentes & dependentia, & quorum collatio, proviſio & quævis alia diſpoſitio, ceſſantibus reſervationibus & affectionibus apoſtolicis, ad pro tempore exiſtentem abbatem ſeu perpetuum commendatarium primodicti monaſterii quomodolibet ſpectabat & pertinebat, deinceps perpetuis futuris temporibus, dum illos & illa pro tempore extra dictam Curiam tantùm vacare contigerit, dicto Ludovico Regi ejuſque ſucceſſoribus Franciæ Regibus in compenſationem juris nominandi ad primodictum monaſterium ei & eis, ut præfertur, competentis, cum hoc tamen quod ad ſimiles prioratus ſimiliaque beneficia per dictum Ludovicum Regem ejuſque ſucceſſores ejuſdem Franciæ Reges pro tempore nominati illorum expeditiones per Datariam Apoſtolicam, ſolitâ ſervatâ formâ, proſequi & facere debeant.

Jus Ordinariis locorum ad Prioratus & Beneficia curam animarum habentia nominandi.

Jus verò nominandi ad prioratus aliaque beneficia eccleſiaſtica dicti Ordinis regularia, quibus cura imminet animarum & a primodicto monaſterio dependentes & dependentia & extra dictam Curiam tantùm vacantes & vacantia, & quorum collatio, proviſio, ſeu quævis alia diſpoſitio, ceſſantibus reſervationibus & affectionibus apoſtolicis præfatis, antea ad eumdem abbatem ſeu perpetuum commendatarium primodicti monaſterii nunc & pro tempore exiſtentem ſpectabat & pertinebat, pro tempore exiſtentibus Archiepiſcopis ſeu Epiſcopis, in quorum

reſpectivè

respectivè diœcesibus prioratus & beneficia hujusmodi siti
& sita reperiuntur, cessantibus etiam reservationibus &
affectionibus apostolicis præfatis, itidem perpetuò reserves,
concedas & assignes.

Nos enim si suppressionem, extinctionem, unionem,
annexionem, incorporationem, reservationem, concessio-
nem & assignationem hujusmodi per te præsentium vigore
fieri contigerit, ut præfertur, easdem præsentes litteras sub
quibusvis similium vel dissimilium gratiarum revocationi-
bus, suspensionibus, limitationibus, derogationibus & aliis
contrariis dispositionibus per quascumque Litteras & Constitutiones apostolicas, seu Cancellariæ apostolicæ regulas
etiam unionum effectum non sortitarum revocatorias à
nobis & quibusvis Romanis Pontificibus prædecessoribus
& successoribus nostris etiam in crastinum assumptionis
cujuslibet illorum ad summi apostolatûs apicem, emanatis
& emanandis minimè comprehendi vel confundi posse,
sed semper ab illis exceptas, & quoties illæ emanabunt,
toties in pristinum & validissimum, ac eum, in quo ante
præmissa quomodolibet erant statum restitutas, repositas
& plenariè reintegratas, ac de novo etiam sub quâcumque
posteriori datâ per nunc & pro tempore existentes dictæ
Capellæ Administratores quandocunque eligendâ conces-
fas esse, & fore semperque validas & efficaces existere,
ac nunc & pro tempore existentibus dictæ Capellæ Administratoribus suffragari debere, nec eos desuper a quoquam
quâvis auctoritate fungente molestari, inquietari, pertur-
bari, aut quoquomodo impediri ullatenus unquam posse,
sicque per quoscumque judices, etiam causarum Palatii
apostolici Auditores, ac sanctæ Romanæ Ecclesiæ Cardi-
nales, etiam de latere Legatos, Vice-legatos, dictæque Sedis
Nuncios judicari & definiri debere; & si secùs super his

Clausula
generalis.

F f f f

a quoquam quàvis auctoritate scienter vel ignoranter contigerit attentari, irritum & inane decernimus, non obstantibus priori voluntate nostrâ præfatâ, necnon Lateranensis Concilii novissimè celebrati uniones perpetuas, nisi in casibus a jure permissis fieri prohibentis, aliisque constitutionibus & ordinationibus apostolicis, ac monasterii primodicti & ordinis præfati etiam juramento, confirmatione apostolicâ, vel quâvis firmitate aliâ roboratis statutis & consuetudinibus, privilegiis quoque, indultis & litteris apostolicis præfati ordinis monachis aliisque superioribus & personis primodicti monasterii sub quibuscumque tenoribus & formis, ac cum quibusvis clausulis & decretis in contrarium forsan quomodolibet concessis, confirmatis, approbatis & innovatis; quibus omnibus & singulis, etiamsi pro illorum sufficienti derogatione aliàs de illis eorumque totis tenoribus specialis, specifica, expressa & individua, ac de verbo ad verbum, non autem per clausulas generales idem importantes mentio, seu quævis alia expressio habenda, aut etiam aliqua etiam exquisita forma ad hoc servanda foret, tenores hujusmodi, ac si de verbo ad verbum nihil penitus omisso, & formâ in illis traditâ observatâ inserti forent, præsentibus pro plenè & sufficienter expressis & insertis habentes illis aliàs in suo robore permansuris latissimè & plenissimè hâc vice duntaxat specialiter & expresse harum serie derogamus contrariis quibuscumque; per præsentes autem non intendimus beneficia a primodicti monasterio dependentia ullatenus unire.

Data. Datum Romæ apud Sanctam Mariam majorem, anno Incarnationis Dominicæ millesimo septingentesimo sexagesimo, pridie calendas Augusti, Pontificatûs nostri anno tertio.

Et a tergo pro reverendissimis DD. Protonotaris

apostolicis , de numero participantium & pro domino abbate Francisco - Dominico - Clementi , Secretario. *Signatum* GASPAR MALDURA, Substitutus.

N.° 5184. J. B. MELCHIORRY & GOBY.

JOSEPHUS BRUNET, Eques, in supremo Regis Consilio Patronus, & Romanæ Curiæ Expeditionarius, Parisiis in viâ *Christine* nuncupatâ commorans, hanc Bullam Romæ expediri curavit & tradidit. *Signatum* BRUNET.

Nous soussignés Avocats au Parlement, Conseillers du Roi, Expéditionaires de Cour de Rome, demeurant à Paris, certifions la présente Bulle vraie & originale, bien & dûment expédiée en ladite Cour; en foi de quoi nous avons signé. A Paris, le seize septembre mil sept cent soixante. Signé MARCHAND & BRUNET.

DÉCRET DE FULMINATION

Des Bulles d'union.

MONSIEUR L'OFFICIAL de la Cour Spirituelle de Laon, Commissaire délégué de N. S. Père le Pape.

VOUS remontrent CHARLES-LOUIS FOUQUET, Duc DE BELLEISLE, Pair & Maréchal de France, Ministre & Secrétaire d'État ayant le département de la Guerre, Prince du Saint-Empire, Chevalier des Ordres du Roi & de la Toison d'or, Général des Armées, Gouverneur des ville & citadelle de Metz, des pays Messin & du Verdunois, Lieutenant général des duchés de Lorraine & de Bar, Commandant en chef dans les trois Évêchés, la Lorraine, pays de la Sarre, frontière de Champagne, & du duché de Luxembourg, & sur les côtes maritimes de l'Océan depuis Dunkerque jusqu'à Bayonne, Sur-intendant de l'École Royale-militaire:

Joseph Paris Duverney, Conseiller d'État, Intendant en exercice dudit Hôtel:

Et Antoine Pecquet, Chevalier de l'Ordre Royal de Saint-Lazare, Intendant en survivance dudit Hôtel.

Tous en leurs dernières qualités, stipulans pour ledit Hôtel, Chapelle d'icelui & dépendances.

Poursuite & diligence du sieur Pierre Valioud, Agent dudit Hôtel, demeurant à Paris, étant de présent à Laon à la suite des affaires dudit Hôtel, & logé en la maison abbatiale & principal domicile & chef-lieu de l'abbaye royale & commendataire de Saint-Jean dudit Laon, paroisse Sainte-Benoîte.

Qu'ils auroient obtenu de N. S. Père le Pape Clément XIII une Bulle, en date du 31 juillet 1760, par laquelle Sa Sainteté, pour les causes & raisons portées dans ladite Bulle, auroit, à la prière & consentement du Roi, ordonné qu'il seroit procédé à la suppression & extinction du Titre collatif régulier ou commendataire de l'abbaye royale de Saint-Jean de Laon, Ordre de Saint-Benoît, Congrégation de Saint-Maur, diocèse dudit Laon, à la séparation & à la distraction des fruits de la Manse abba-tiale de ladite Abbaye, d'avec ceux de la Manse conven-tuelle & regulière, union & incorporation à perpétuité desdits fruits de ladite Manse abbatiale à la Chapelle de l'Hôtel de ladite École Militaire, aux charges, clauses & conditions énoncées en ladite Bulle; le tout sans pré-judice à ladite Manse conventuelle & regulière, aux droits des Prieur & Religieux du monastère de ladite Abbaye, & au nombre d'iceux qui a coutume d'y être entretenu.

Et que par ladite Bulle, Sa Sainteté vous a délégué pour

l'exécution & fulmination d'icelle, & pour procéder selon
la forme de droit à la suppression & extinction dudit Titre
de ladite abbaye de Saint-Jean de Laon, à la séparation
& distraction de tous les fruits de ladite Abbaye d'avec
ceux de la Manse conventuelle & regulière, & de l'union
& incorporation desdits fruits à la Chapelle dudit Hôtel
de l'École Royale-militaire, après avoir fait appeler &
entendre ceux qui peuvent avoir intérêt auxdites extinction, distraction & union.

Se soumettant, les Supplians, à l'entière exécution de
toutes les charges, clauses & conditions énoncées en ladite
Bulle.

Ce considéré, Monsieur, il vous plaise donner acte
aux Supplians de la présentation qu'ils vous font de ladite
Bulle, & de la soumission de leur part de satisfaire aux
charges & conditions d'icelle, procéder à la fulmination
& exécution d'icelle ; & en conséquence ordonner que le
Titre de ladite Abbaye demeurera éteint & supprimé à
perpétuité, & que les fruits, revenus, priviléges, honneurs, prérogatives, & généralement tous les droits dépendans de ladite Manse abbatiale, seront séparés & distraits de
ladite Manse conventuelle & régulière, unis & incorporés
à perpétuité à la Chapelle de l'Hôtel de l'École Royale-
militaire ; le tout aux charges, clauses & conditions énoncées en ladite Bulle, & ferez justice. Élisant domicile chez
M.ᵉ Chrétien Carrière, Procureur au Bailliage & Présidial,
& en l'Officialité de Laon, qu'ils constituent à toutes fins.
Signé VALIOUD & CARRIÈRE.

*Soit communiqué au Promoteur. A Laon, le 1.ᵉʳ Octobre mil
sept cent soixante.* Signé LE REBOURS DE VAUMADEUC.

Le Promoteur général de la ville & du diocèse de

Laon, qui a vu la préſente Requête & le Décret mis au bas, de cejourd'hui; enſemble la Bulle de N. S. Père le Pape Clément XIII, en date du 31 juillet 1760, dûment certifiée à Paris, le 16 ſeptembre, par Marchand & Brunet, Banquiers-expéditionnaires en Cour de Rome, par laquelle Sa Sainteté vous auroit commis & délégué pour procéder à la ſuppreſſion & extinction du Titre collatif régulier & commendataire de l'abbaye royale de Saint-Jean de la ville de Laon, Ordre de Saint-Benoît, Congrégation de Saint-Maur, à la ſéparation & diſtraction des fruits de la Manſe abbatiale de ladite Abbaye, d'avec ceux de la Manſe conventuelle; & ce pour cauſes & raiſons énoncées dans ladite Bulle accordée à la prière & du conſentement du Roi, union & incorporation à perpétuité deſdits fruits de ladite Manſe abbatiale de ladite Abbaye à la Chapelle de l'Hôtel de l'École Militaire, aux charges, clauſes & conditions énoncées dans ladite Bulle; le tout ſans préjudice à ladite Manſe conventuelle & régulière, aux droits des Prieur & Religieux du Monaſtère de ladite Abbaye, & au nombre d'iceux qui a coutume d'y être entretenu; requiert qu'avant faire droit le Général de l'Ordre de Saint-Benoît, Congrégation de Saint-Maur, & les Prieur & Religieux de ladite abbaye royale de Saint-Jean de Laon, ſeront aſſignés à comparoître par-devant vous, Monſieur l'Official délégué à cet effet, pour répondre ſur le contenu eſdites Requête & Bulle; qu'à cet effet vous vous tranſporterez ſur les lieux, pour faire toutes les procédures néceſſaires pour parvenir auxdites ſéparation & diſtraction des fruits de ladite Manſe abbatiale, union & incorporation à perpétuité deſdits fruits, à ladite Chapelle de l'École Militaire, & icelles procédures communiquées

audit Promoteur être par lui requis ce qu'il appartiendra.
Conclu à Laon, ce 1.er Octobre mil sept cent soixante.
Signé FLEURY.

Vu la présente Requête, la Bulle de N. T. S. Père le Pape Clément XIII, du 31 juillet 1760, dûment certifiée à Paris le 16 septembre dernier, par Brunet & Marchand, Banquiers-expéditionnaires en Cour de Rome, par laquelle Sa Sainteté nous auroit commis & délégué pour procéder à la suppression & extinction du Titre collatif régulier & commendataire de l'abbaye royale de Saint-Jean de la ville de Laon, Ordre de Saint-Benoît, Congrégation de Saint-Maur, à la séparation & distraction des fruits de la Manse abbatiale de ladite Abbaye, d'avec ceux de la Manse conventuelle & régulière, union & incorporation à perpétuité desdits fruits de ladite Manse abbatiale à la Chapelle de l'Hôtel de l'École Militaire, aux charges, clauses & conditions énoncées dans ladite Bulle; ensemble les conclusions du Promoteur général du diocèse de Laon. Nous avons reçu avec respect & révérence ladite Bulle de N. T. S. Père le Pape, & avons accepté & acceptons la commission à nous adressée par la Bulle; & en conséquence, avons donné acte au sieur Pierre Valioud, Agent dudit Hôtel, de la présentation de ladite Bulle, & de la soumission de sa part, & des Administrateurs & Intendans dudit Hôtel, de satisfaire aux charges & conditions d'icelle; & ordonné qu'avant faire droit, le Révérend Père Général des Bénédictins de la Congrégation de Saint-Maur, les Prieur & Religieux de ladite abbaye royale de Saint-Jean de Laon, seront affignés à comparoître audit Laon, par-devant nous en la Chambre du Prétoire de l'Officialité du diocèse de Laon, le mercredi 15 du préſent mois, neuf heures du matin, pour répondre ſur le contenu eſdites Bulle & Requête, dont leur ſera pour cet effet donné copie, auſſi-bien que de notre préſente Ordonnance , pour iceux ouïs, être par nous ordonné ce qu'il appartiendra. Donné à Laon le deux octobre mil ſept cent ſoixante. *Signé* LE REBOURS DE VAUMADEUC , Official du dioceſe de Laon.

Inſinué & contrôlé à Laon, le deux octobre mil ſept cent ſoixante. Signé MENGIN , Chanoine de Saint - Jean , pour l'abſence de M. de Viſme , Greffier des Inſinuations Eccléſiaſtiques.

L'an mil ſept cent ſoixante, le huitième jour d'octobre, en vertu de l'Ordonnance de Monſieur l'Official de la Cour Spirituelle de Laon, Juge délégué par N. S. Père le Pape Clément XIII, à l'effet de procéder aux fulmination & exécution de la Bulle accordée par Sa Sainteté le 31 juillet dernier, ladite Ordonnance en date du 2 du préſent mois, dûment inſinuée, rendue ſur les concluſions du Promoteur général des ville & dioceſe de Laon, étant au bas de la requête préſentée à mondit ſieur l'Official. Et à la requête de haut & puiſſant Seigneur Monſeigneur Charles-Louis Fouquet, Duc de Belleiſle, Pair & Maréchal de France, Miniſtre & Secrétaire d'État ayant le département de la Guerre, Prince du Saint-Empire, Chevalier des Ordres du Roi & de la Toiſon d'or, Général des Armées, Gouverneur des ville & citadelle de Metz, des pays Meſſin & du Verdunois, Lieutenant général des duchés de Lorraine & de Bar, Commandant en chef les trois Évêchés, la Lorraine, pays de la Sarre, frontière de Champagne, & du duché de Luxembourg, & ſur les côtes maritimes de l'Océan

depuis

depuis Dunkerque jufqu'à Bayonne, Surintendant de l'École Royale-militaire, demeurant à Paris, rue de Bourbon, faubourg Saint-Germain, paroiffe Saint-Sulpice; de Jofeph Paris Duverney, Confeiller d'État, Intendant en exercice dudit Hôtel, demeurant à Paris, rue Saint-Louis au Marais, paroiffe Saint-Gervais; & d'Antoine Pecquet, Chevalier de l'Ordre royal de Saint-Lazare, Intendant en furvivance dudit Hôtel, y demeurant, tous en leurs dernières qualités ftipulans pour ledit Hôtel, Chapelle d'icelui & dépendances, pourfuites & diligences du fieur Pierre Valioud, Agent dudit Hôtel, demeurant ordinairement à Paris, étant de préfent à Laon à la fuite des affaires dudit Hôtel, & demeurant en la maifon abba-tiale & principal domicile & chef-lieu de l'abbaye royale & commendataire de Saint-Jean de Laon, paroiffe Sainte-Benoîte, pour tous lefquels domicile eft élu à Paris en la maifon de moi Huiffier fouffigné, & en ladite ville de Laon en la maifon de M.ᵉ Chrétien Carrière, Procureur au Bailliage & Préfidial, & en l'Officialité de Laon, j'ai Nicolas Rouffot, Huiffier-commiffaire-prifeur-vendeur de meubles au Châtelet de Paris, y demeurant, rue Saint-Antoine, paroiffe Saint-Paul, fouffigné, donné affigna-tion à Dom Jofeph Delrue, Supérieur général de la Congrégation de Saint-Maur, demeurant à Paris à l'ab-baye de Saint-Germain-des-Prés, & audit domicile parlant à Dom André Trablaine, Dépofitaire général de ladite Congrégation, à comparoir mercredi 15 du préfent mois, neuf heures du matin, en la Chambre du Prétoire de l'Officialité du diocèfe de Laon, pour répondre fur le contenu efdites Bulles, procéder fur & aux fins defdites requête, conclufions & ordonnance, & être ouï fur le tout, déclarant que ledit M.ᵉ Carrière, Procureur audit

G g g g

Laon occupera; & j'ai audit Dom Delrue, parlant comme deſſus, laiſſé copie deſdites Bulle, requête, concluſions, ordonnance, & du préſent. *Signé* ROUSSOT.

Contrôlé à Paris le 8 octobre 1760. Signé BOURON.
Inſinué & contrôlé à Laon le 13 octobre 1760. Signé DE VISME.

L'an mil ſept cent ſoixante, le onzième jour d'octobre, en vertu de l'ordonnance de Monſieur l'Official de la Cour ſpirituelle de Laon, Juge délégué par N. S. Père le Pape Clément XIII, à l'effet de procéder aux fulmination & exécution de la Bulle accordée par Sa Sainteté le 31 juillet dernier, ladite ordonnance en date du 2 du préſent mois, dûment inſinuée, rendue ſur les concluſions du Promoteur général des ville & diocèſe de Laon, étant au bas de la requête préſentée à mondit ſieur l'Official; & à la requête de haut & puiſſant Seigneur Monſeigneur Charles-Louis Fouquet, Duc de Belleiſle, Pair & Maréchal de France, Miniſtre & Secrétaire d'État ayant le département de la guerre, Prince du Saint-Empire, Chevalier des Ordres du Roi & de la Toiſon d'or, Général des Armées, Gouverneur des villes & citadelle de Metz, des pays Meſſin & du Verdunois, Lieutenant général des duchés de Lorraine & de Bar, Commandant en chef dans les trois Évêchés, la Lorraine, pays de la Sarre, frontière de Champagne & duché de Luxembourg, & ſur les côtes maritimes de l'Océan depuis Dunkerque juſqu'à Bayonne, Surintendant de l'École Royale-militaire, demeurant à Paris, rue de Bourbon, faubourg Saint-Germain, paroiſſe Saint-Sulpice; de Joſeph Paris Duverney, Conſeiller d'État, Intendant en exercice dudit Hôtel, demeurant à Paris, rue Saint-Louis au Marais, paroiſſe Saint-Gervais; & d'Antoine

Pecquet, Chevalier de l'Ordre royal de Saint-Lazare, Intendant en survivance dudit Hôtel, y demeurant, tous en leurs dernières qualités, stipulans pour ledit Hôtel, Chapelle d'icelui & dépendances, pourfuites & diligences du sieur Pierre Valioud, Agent dudit Hôtel, demeurant ordinairement à Paris, étant de préfent à Laon à la suite des affaires dudit Hôtel, & demeurant en la maison abbatiale & principal domicile & chef-lieu de l'abbaye royale & commendataire de Saint-Jean dudit Laon, paroiffe Sainte-Benoîte, pour tous lefquels domicile eft élu en ladite ville de Laon, en la maifon de Me Chrétien Carrière, Procureur au Bailliage & Siége Préfidial, & en l'Officialité dudit Laon, y demeurant. J'ai, Jacques Gobin, Appariteur en la Cour fpirituelle de ladite Officialité & diocèfe dudit Laon, y demeurant, rue des Cordeliers, paroiffe Sainte-Benoîte, fouffigné, ajourné & donné affignation aux fieurs Prieur & Religieux de l'abbaye royale de Saint-Jean dudit Laon, en parlant au Portier, qui n'a voulu dire fon nom, de ce interpellé, à comparoir mercredi prochain 15 des préfens mois & an, neuf heures du matin, en la Chambre du Prétoire de ladite Officialité & diocèfe dudit Laon, pour répondre fur le contenu efdite Bulle, procéder fur & aux fins defdites requête, conclufions & ordonnance, & être ouïs fur le tout; déclarant que ledit Me Carrière, Procureur audit Laon, occupera; & j'ai, auxdits Prieur & Religieux de ladite abbaye royale de Saint-Jean dudit Laon, parlant comme deffus, laiffé copie defdites Bulle, requête, conclufions, ordonnances, & du préfent. Les jour & an fufdits.

Et ledit jour & de fuite, en vertu dudit Décret, même requête & pareille élection de domicile, je, Appariteur fufdit & fouffigné, ai ajourné & donné affignation par cri public & affiches mifes à la principale porte de l'abbaye de Saint-Jean de Laon, à celle de l'églife de Sainte-Benoîte, l'une des paroiffes de la ville de Laon, dans l'enclave de laquelle paroiffe ladite Abbaye fe trouve fituée, & à celle de l'auditoire de l'Officialité dudit Laon, aux places publiques des Halles des mercredis & famedis, & des Marchés aux Herbes de cette ville de Laon, à tous ceux & celles qui peuvent avoir intérêt à la réunion de la Manfe abbatiale de ladite abbaye de Saint-Jean de Laon, à l'École Royale-militaire de la ville de Paris, à comparoir mercredi prochain 15 des préfens mois & an, neuf heures du matin, en la Chambre du Prétoire de l'Officialité du diocèfe de Laon, pour répondre fur le contenu efdite Bulle, procéder fur & aux fins defdites requête, conclufions & ordonnance, & être ouï fur le tout; déclarant que ledit M.ᵉ Carrière, Procureur audit Laon, occupera ; & étant devant lefdites portes, & fur lefdites places, j'ai, aux Peuples affemblés en grand nombre, fait lecture à haute & intelligible voix defdites Bulle, requête, conclufions & ordonnance, & ai laiffé par attache copie d'icelles à chacun defdits endroits. Les jour & an que deffus. *Signé* GOBIN.

Contrôlé à Laon le 11 octobre 1760. Reçu 20 fous. Signé LELEU.

Infinué & contrôlé à Laon, ce 13 octobre 1760. Signé DE VISME.

Cejourd'hui quinze octobre mil fept cent foixante, neuf heures du matin, en la Chambre du Prétoire de l'Officialité & Cour fpirituelle du diocèfe de Laon, & par-devant nous François-Marie-Anne Le Rebours de Vaumadeuc, Prêtre, Docteur en Théologie, Chanoine de l'églife cathédrale de Laon, Official & Juge ordinaire de la Cour spirituelle du diocèse dudit Laon, Commissaire en cette partie, délégué de N. S. Père le Pape Clément XIII, par sa Bulle du 31 juillet dernier, assisté de notre Greffier ordinaire, est comparu sieur Pierre Valioud, Agent de l'Hôtel de l'École Royale-militaire, demeurant ordinairement à Paris, & étant de présent en cette Ville, à la suite des affaires dudit Hôtel, logé en la maison abbatiale, principal domicile & chef-lieu de l'abbaye royale & commendataire de Saint-Jean dudit Laon, paroisse de Sainte Benoîte, lequel nous a dit & représenté que haut & puissant Seigneur Monseigneur Charles-Louis Fouquet, Duc de Belleisle, Pair & Maréchal de France, Ministre & Secrétaire d'État ayant le département de la Guerre, Prince du Saint-Empire, Chevalier des Ordres du Roi & de la Toison d'or, Général des Armées, Gouverneur des ville & citadelle de Metz, pays Messin & du Verdunois, Lieutenant général des duchés de Lorraine & de Bar, Commandant en chef dans les trois Évêchés, la Lorraine, pays de la Sarre, frontière de Champagne, & du duché de Luxembourg, & sur les côtes maritimes de l'Océan depuis Dunkerque jusqu'à Bayonne, & Surintendant de l'École Royale-militaire; Messire Joseph Paris Duverney, Conseiller d'État, Intendant en exercice dudit Hôtel; & Messire Antoine Pecquet, Chevalier de l'Ordre royal de Saint-Lazare, Intendant en survivance dudit Hôtel, tous en leur dernière qualité, stipulans pour ledit Hôtel, Chapelle d'icelui & dépendances, nous auroient présenté leur requête, tendante à ce qu'il nous plaise leur donner acte de la présentation qu'il nous ont faite de ladite Bulle, & de la soumission de leur part de satisfaire aux charges & conditions d'icelles, procéder à la fulmination de ladite Bulle, & en conséquence ordonner que le Titre de ladite abbaye de Saint-Jean de Laon, Ordre de Saint-Benoît, soit & demeure éteint à perpétuité, & que les fruits, revenus, priviléges, honneurs, prérogatives, & généralement tous les droits dépendans de ladite Manse abbatiale, soient séparés & distraits de la Manse conventuelle & régulière de ladite abbaye de Saint-Jean, & soient unis & incorporés à perpétuité à la Chapelle de l'Hôtel de ladite École Royale-militaire, pour en jouir par ladite Chapelle, aux charges, clauses & conditions portées en ladite Bulle, au bas de laquelle requête est notre Décret donné sur les conclusions du Promoteur de cette Cour, le 2 Octobre présent mois, par lequel nous aurions ordonné qu'avant faire droit, le Révérend Père Général des Bénédictins de la Congrégation de Saint-Maur, & les Prieur & Religieux de ladite abbaye royale de Saint-Jean de Laon, seroient assignés à comparoir par-devant nous cejourd'hui, heure & lieu présens, pour répondre sur le contenu esdites Bulle & requête ; qu'en exécution de notredit Décret, ledit sieur Général des Bénédictins avoit été assigné par exploit de Roussot, Huissier-commissaire-priseur-vendeur de meubles au Châtelet de Paris, y demeurant, du 8 octobre présent mois, contrôlé à Paris le même jour par Bouron ; & lesdits sieurs Prieur & Religieux de ladite abbaye de Saint-Jean, auroient aussi été assignés par exploit de Gobin, Appariteur en cette Cour, demeurant audit Laon, du 11 du même présent mois, contrôlé à Laon le même jour par Leleu, à comparoir par-devant nous, lieu & heure présens, pour répondre sur le contenu en ladite Bulle & en ladite requête, auxquels avoit été à chacun donné copie séparement, tant de la susdite Bulle que de la susdite Requête, & de notredit Décret ; que par le même Exploit dudit Gobin, fufdaté & contrôlé, toutes les perfonnes qui avoient quelqu'intérêt à ladite union, auroient été auffi affignées par cri public & par affiches mifes defdites Bulle, Requête & Décret, à la principale porte de ladite abbaye de Saint-Jean, à celle de l'églife de Sainte-Benoîte, & à celle de notre Auditoire, & aux places publiques de ladite ville de Laon, à comparoir auffi par-devant nous, lieu & heure prefcrite, pour de même répondre & procéder fur le contenu efdites Bulle, Requête & Décret; que lefdits exploits avoient été tranfcrits fur les Regiftres du Greffe des Infinuations Eccléfiaftiques du diocèfe dudit Laon, fuivant la note au bas d'iceux, portant, infinué & contrôlé à Laon, le 13 octobre 1760, figné DE VISME. Pour quoi ledit fieur Valioud, audit nom, nous auroit requis de lui donner acte de fes comparution, dire, requifition & offre ; & attendu la comparution defdits fieurs Prieur & Religieux de ladite abbaye dudit Saint-Jean, les entendre en leurs dire, lui donner défaut, tant contre le Révérend Père Général des Pères Bénédictins de la Congrégation de Saint-Maur, que contre les appelés par cri public ; & en adjugeant le profit dudit défaut, paffer outre à la fulmination de ladite Bulle ; & a ledit fieur Valioud figné. Ainfi figné en la minute des préfentes, VALIOUD.

Eft comparu le Révérend Père Dom Charles Navelot, Prêtre, Religieux Profès de l'Ordre de Saint-Benoît, Congrégation de Saint-Maur, Prieur de l'abbaye royale & conventuelle de Saint-Jean de Laon, lequel tant en fon nom de Prieur conventuel de ladite Abbaye, qu'au nom & comme fondé de pouvoir fpécial des Religieux & Couvent de ladite Abbaye, par acte capitulaire de

cejourd'hui, ſigné dudit ſieur Prieur, de Dom Jean Goulin, Sous-prieur, & de Dom Jean-Jacques Pagnon,
Secrétaire, contrôlé audit Laon auſſi cejourd'hui par
Leleu, lequel eſdits noms nous a dit & déclaré qu'il
conſent à l'extinction du Titre régulier de ladite Abbaye,
& à l'union des fruits de la Manſe abbatiale à ladite Chapelle de l'École Royale-militaire, le tout aux charges,
clauſes & conditions portées par la Bulle du 31 juillet
dernier ; ſauf cependant, & ſous la réſerve très-reſpec-
tueuſe de ſe pourvoir vers Sa Majeſté, pour lui faire des
repréſentations ſur la léſion que ſouffre la Communauté
dudit Saint-Jean de Laon, des anciens Concordats &
ſubſéquens, & généralement que ladite fulmination &
exécution de ladite Bulle ne pourra préjudicier aux droits
de ladite Communauté.

Nous a enſuite repréſenté ledit Dom Charles Navelot,
qu'il attend journellement la procuration du Révérend
Père Général deſdits Ordre & Congrégation, ſuivant les
avis qu'il en a reçus ; pour quoi & avant de procéder à
ladite Bulle, il nous requéroit d'accorder un délai ſuffi-
ſant, & a ſigné. Ainſi ſigné en ladite minute des préſentes,
Fr. CH. NAVELOT.

Et par ledit ſieur Valioud, audit nom, a été fait au cas
de beſoin toutes réſerves & proteſtations contraires aux
dires dudit ſieur Prieur audit nom. Et a *ſigné* VALIOUD.

Sur quoi, faiſant droit, & après avoir attendu juſqu'à
l'heure de dix heures atteintes & ſonnées, nous avons
audit ſieur Valioud, audit nom, donné acte de ſes comparution, dire, déclaration & requiſition ; avons pareillement donné acte audit Révérend Père Prieur de ladite
abbaye de Saint-Jean, audit nom, de ſes comparution,
dire & requiſition ; & défaut tant contre le Révérend
Père

Père Général des Bénédictins de la Congrégation de Saint-Maur, non comparant, ni personne fondée de sa procuration, que contre les Parties intéressées à l'union de la Manse abbatiale de ladite abbaye de Saint-Jean à la Chapelle de l'École Royale-militaire, en adjugeant le profit dudit défaut, & en obtempérant à la requisition dudit sieur Prieur, à ce qu'il nous plaise accorder un délai suffisant pour la comparution dudit Révérend Père Général, nous avons accordé un délai de quinzaine, pendant lequel ledit Révérend Père Général sera réassigné à comparoir par-devant nous à la Chambre du Conseil le 31 octobre présent mois, pour répondre & procéder ainsi que de raison; & à l'égard des autres appelés par cri public, & qui n'ont point comparu, disons que sans aucune autre nouvelle assignation, il sera après la comparution dudit Révérend Père Général, passé outre; & avons ordonné, du consentement dudit sieur Valioud & dudit sieur Charles Navelot, audit nom, que le susdit acte capitulaire sera paraphé desdits sieurs Valioud & Navelot; & joint à notre présent procès-verbal, pour y avoir recours en cas de besoin, dont & du tout ce que dessus, nous avons dressé notre présent procès-verbal, pour servir & valoir aux Parties ainsi que de raison; & avons signé, & notre Greffier. Les jour & an susdits. *Signé* LE REBOURS DE VAUMADEUC, & MAUGRAS.

Insinué & contrôlé à Laon, ce vingt-un octobre mil sept cent soixante. Signé BAUDELOT, Curé de Saint-Remi-à-la-Porte, pour l'absence de M. de Vigne.

ACTE CAPITULAIRE

Des Religieux, Prieur & Communauté de l'abbaye de Saint-Jean de Laon, par lequel la Communauté de ladite Abbaye conſtitue le R. P. Dom Charles Navelot, Prieur de ladite Abbaye, aux fins de comparoir & ſe préſenter à ladite fulmination.

L'AN de Notre Seigneur mil ſept cent ſoixante, quinzième octobre, le R. P. Dom Charles Navelot, Prieur de l'abbaye de Saint-Jean de Laon, Ordre de Saint-Benoît, Congrégation de Saint-Maur, diocèſe dudit Laon, ayant fait aſſembler capitulairement, au ſon de la cloche, en la manière accoutumée, les Révérends Pères Dom Charles Navelot, Prieur; Dom Jean Goulin, Sous-prieur; Dom Jean-Baptiſte Delarbre, Dom Jean-Baptiſte Quinſer, Dom Jean-Jacques Pagnon, Dom Gédeon Bugniatre, Dom Antoine Harvier, Dom François Vitaſſe, Dom Mathieu Geruzet, Procureur; Dom Thomas Margana, leur a repréſenté qu'il étoit néceſſaire de procéder à la nomination d'un ou de deux Religieux, pour & au nom de ladite Communauté répondre ſur l'aſſignation qui a été donnée à ladite Communauté, en parlant au Portier, le 11 du préſent mois, à la requête de Monſeigneur Charles-Louis Fouquet, Duc de Belleiſle, Pair & Maréchal de France, &c. Joſeph Paris Duverney, Conſeiller d'État, Intendant en exercice dudit Hôtel, & d'Antoine Pecquet, Chevalier de l'Ordre royal de

Saint-Lazare, Intendant en survivance dudit Hôtel, de l'ordre de Monsieur l'Official de Laon, tendante à la fulmination de la Bulle donnée par N. S. Père le Pape, le 31 juillet 1760, pour l'exécution du Titre régulier & l'union de la Manse abbatiale à la Chapelle de l'École Royale-militaire, comparoir par-devant ledit sieur Official, pour là consentir, au nom de ladite Communauté, aux extinction & suppression, & en outre protester pour la conservation de nos droits.

L'affaire mise en délibération, a été conclu unanimement que ladite Communauté nommoit & constituoit, comme elle nomme & constitue par la présente délibération, pour leur Procureur général & spécial ledit R. P. Dom Charles Navelot, Prieur de ladite Abbaye, pour répondre, au nom de ladite Communauté, à ladite assignation, comparoir devant ledit sieur Official de Laon, & là déclarer qu'elle consent à l'extinction du Titre régulier de ladite Abbaye, & à l'union des fruits de la Manse abbatiale à ladite Chapelle de l'Hôtel de l'École Royale-militaire ; le tout aux charges, clauses & conditions portées par ladite Bulle, dont ladite Communauté a eu communication ; sauf cependant, & sous la réserve très-respectueuse de se pourvoir vers les bontés de Sa Majesté, pour lui faire des représentations sur la lésion que ladite Communauté souffre des anciens Concordats, & subséquens, & généralement que ladite fulmination & exécution de ladite Bulle ne pourra préjudicier aux droits de ladite Communauté, & en outre procéder comme de raison ; En foi de quoi j'ai dressé ce présent acte par ordre du Révérend Père Prieur, qui l'a signé avec tous les Religieux, & moi Secrétaire soussigné. Signé Fr. CHARLES NAVELOT, Prieur ; Fr. JEAN

GOULIN, Sous-prieur ; & Fr. JEAN-JACQUES PAGNON, Secrétaire.

Contrôlé à Laon ledit jour quinze Octobre mil sept cent soixante. Reçu douze sous six deniers. Signé LELEU.

Paraphé ne varietur du sieur Pierre Valioud, Agent de l'École Royale-militaire, & dudit Dom Charles Navelot, en exécution & au desir de notre procès-verbal & ordonnance contenus en icelui, de cejourd'hui quinze octobre mil sept cent soixante. Signé VALIOUD, Fr. CH. NAVELOT, & LE REBOURS DE VAUMADEUC.

Insinué & contrôlé à Laon, le dix-huit octobre mil sept cent soixante. Signé DE VISME.

À MONSIEUR L'OFFICIAL du diocèse de Laon, Commissaire délégué de N. S. Père le Pape.

SUPPLIE humblement Jean Goulin, Prêtre & Sous-prieur de l'abbaye de Saint-Jean de Laon, Ordre de Saint-Benoît, Congrégation de Saint-Maur, disant qu'il lui a été remis entre les mains un acte du 15 du présent mois d'octobre, signé Fr. Joseph Delrue, Supérieur général de ladite Congrégation de Saint-Maur, & au-dessous Fr. Étienne le Picart, Secrétaire, portant consentement par ledit sieur Supérieur général à la fulmination de la Bulle d'extinction & d'union de l'abbaye de Saint-Jean de Laon, à la Chapelle de l'Hôtel de l'École Royale-militaire, & d'incorporation des revenus de la Manse abbatiale à ladite Chapelle, sous les réserves y portées, ledit acte dûment contrôlé & insinué.

A ces causes, il vous plaise permettre audit Révérend Père-Fr. Joseph Delrue, Supérieur général, de faire affigner au premier jour, par-devant vous, en la Chambre du Prétoire de l'officialité du diocèſe de Laon, Monſeigneur le Maréchal Duc de Belleiſle, & Meſſieurs Duverney & Pecquet, en leurs qualités de ſtipulans pour ledit Hôtel de l'École Militaire, au domicile par eux élu en cette ville de Laon, à l'effet d'être préſens, ſi bon leur ſemble, au dépôt dudit conſentement, & aller en avant, & ferez juſtice. *Signé* Fr. JEAN GOULIN.

Soit communiqué au Promoteur. A Laon, ce vingt-ſept octobre mil ſept cent ſoixante. Signé LE REBOURS DE VAUMADEUC.

Le Promoteur qui a pris communication de la requête ci-deſſus, de l'Ordonnance du ſoit à lui communiqué, n'empêche que les perſonnes y dénommées ne ſoient affignées. A Laon, les jour & an ſuſdits. *Signé* FLEURY

Vu par nous François-Marie-Anne le Rebours de Vaumadeuc, Prêtre, Docteur en Théologie, & Chanoine de l'égliſe cathédrale de Laon, Official & Juge ordinaire de la Cour ſpirituelle dudit Laon, Commiſſaire délégué en cette partie de N. S. Père le Pape ; la requête à nous préſentée par Dom Jean Goulin, Prêtre, Religieux Profès de l'Ordre de Saint-Benoît, Congrégation de Saint-Maur, Sous-prieur de l'abbaye royale de Saint-Jean de Laon, notre Ordonnance de ſoit communiquée au Promoteur, les concluſions dudit Promoteur de cejourd'hui, avons permis au Révérend Père Dom Joſeph Delrue, Supérieur général des Bénédictins de ladite Congrégation de Saint-Maur, de faire affigner à comparoir par-devant nous, en la Chambre du Prétoire de notre Officialité, mercredi prochain, deux heures de relevée, Monſeigneur le Maréchal-Duc de Belleiſle, & Meſſieurs Duverney

& Pecquet, en leurs qualités, ſtipulans pour l'Hôtel de l'École Royale-militaire, au domicile de M.ᵉ Chrétien Carrière, Procureur par eux élu. A Laon, ce vingt-ſept octobre mil ſept cent ſoixante. *Signé* LE REBOURS DE VAUMADEUC.

Inſinué & contrôlé à Laon, ce vingt-ſept octobre mil ſept cent ſoixante. Signé DE VISME.

L'an mil ſept cent ſoixante, le vingt-huitième jour d'octobre, en vertu de l'Ordonnance appoſée au bas de la requête préſentée à Monſieur l'Official & Juge ordinaire de la Cour ſpirituelle du dioceſe de Laon, ci-attachée, & à la requête de Fr. Dom Joſeph Delrue, Supérieur général de la Congrégation de Saint-Maur, Ordre de Saint-Benoît, pourſuite & diligence de Dom Fr. Jean Goulin, Prêtre, & Sous-prieur de l'abbaye royale de Saint-Jean dudit Laon, Ordre de Saint-Benoît, Congrégation de Saint-Maur pour leſquels domicile eſt élu en la maiſon de M.ᵉ Nicolas Berthoult, qu'ils conſtituent pour leur Procureur à Laon, y demeurant, & qui occupera pour eux en l'inſtance, j'ai, Jacques Gobin, Sergent immatriculé au Duché-pairie de Laon, & Appariteur en ladite Cour ſpirituelle du dioceſe dudit Laon, y demeurant, ſouſſigné, ajourné & donné aſſignations à Monſeigneur le Maréchal Duc de Belleiſle, & à Meſſieurs Duverney & Pecquet, ſtipulans pour l'Hôtel Militaire, au domicile de M.ᵉ Chrétien Carrière, leur Procureur audit Laon, y demeurant, en parlant à ſon Clerc audit domicile, à comparoir demain mercredi 29 du préſent mois & à deux heures de relevée, en la Chambre du Prétoire de ladite Officialité, par-devant mondit Sieur l'Official & Juge ordinaire de ladite Cour spirituelle du diocèse dudit Laon, pour être présens, si bon leur semble, au dépôt du consentement dudit sieur Joseph Delrue, Supérieur général de la Congrégation de Saint-Maur, Ordre de Saint-Benoît, à la Bulle de N. S. Père le Pape; le tout daté & énoncé en ladite requête ci-attachée, répondre & procéder sur le contenu d'icelles, circonstances & dépendances, sinon & à faute d'y comparoir, qu'il sera procédé au dépôt dudit consentement, tant en absence qu'en présence, & aux réserves mentionnées en ladite requête; & afin que mondit Seigneur le Maréchal Duc de Belleisle & Messieurs Duverney & Pecquet n'en ignorent, je leur ai, parlant comme dessus, laissé copie tant dudit consentement, de ladite requête, du soit communiqué à M. le Promoteur, conclusions de mondit sieur le Promoteur, de l'ordonnance, & du présent exploit. Les jour & an susdits. *Signé* GOBIN.

Contrôlé à Laon, le vingt-huit octobre mil sept cent soixante. Signé LELEU.

Insinué & contrôlé à Laon, le vingt-huit octobre mil sept cent soixante. Signé DE VISME.

Cejourd'hui vingt-neuf octobre mil sept cent soixante, deux heures de relevée, en la Chambre du Prétoire, & par-devant nous François-Marie-Anne le Rebours de Vaumadeuc, Prêtre, Docteur en Théologie, Chanoine de l'église cathédrale de Laon, Official & Juge ordinaire de la Cour spirituelle du diocèse de Laon, Commissaire apostolique en cette partie, assisté de notre Greffier ordinaire, est comparu Dom Jean Goulin, Prêtre, Religieux Profès de l'Ordre de Saint-Benoît, Congrégation de Saint-Maur, Sous-prieur de l'abbaye royale de Saint-Jean de Laon, même Ordre & Congrégation, qui nous a dit qu'au nom du Révérend Père Joseph Delrue, Supérieur général des Révérends Pères Bénédictins de ladite Congrégation de Saint-Maur, il nous avoit présenté sa requête, & avoit conclu à ce qu'il nous plût permettre audit Révérend Père Joseph Delrue, en sa qualité de Supérieur général des Révérends Pères Bénédictins de ladite Congrégation, de faire assigner à comparoir par-devant nous, Monseigneur le Maréchal Duc de Belleisle, & Messieurs Paris Duverney & Pecquet, en leurs qualités de Surintendant & Intendans de l'Hôtel de l'École-militaire, pour voir dire qu'il lui a été remis entre les mains un acte du 15 du présent mois, à lui adressé par ledit Révérend Père Joseph Delrue, portant consentement à la fulmination de la Bulle d'extinction & d'union de ladite abbaye de Saint-Jean, à la Chapelle de l'Hôtel de ladite École Militaire, & de l'incorporation des revenus de la Manse abbatiale de ladite Abbaye à ladite Chapelle, sous les réserves y portées; ledit acte dûment contrôlé au Bureau de Contrôle Laïc, & insinué & contrôlé au Greffe des Insinuations ecclésiastiques de ce diocèse; qu'en exécution de notre Ordonnance du 27 octobre présent mois, il avoit communiqué ladite requête à M. le Promoteur de ce diocèse; que, sur les conclusions dudit sieur Promoteur, nous aurions permis audit Révérend Père Dom Joseph Delrue, de faire assigner à comparoir cejourd'hui, heure présente, par-devant nous, mondit Seigneur le Maréchal Duc de Belleisle, & mesdits sieurs Paris Duverney & Pecquet, en leurs qualités ci-devant énoncées, pour avoir acte du contenu en ladite requête; qu'en exécution de notre Décret, dudit jour 27 octobre présent mois, il avoit, par exploit de Gobin, Appariteur en cette Cour, du jour d'hier, contrôlé à Laon

le

le même jour par Leleu, fait affigner mondit Seigneur le
Maréchal Duc de Belleifle & mefdits fieurs Paris Duverney
& Pecquet, ès qualités que devant, au domicile de
M.° Carrière, Procureur en la Cour fpirituelle de ce
diocèfe, à comparoir cejourd'hui heure préfente, par-
devant nous, pour avoir acte du contenu en ladite requête,
de la préfentation qu'il nous a faite de l'acte portant confentement par ledit Révérend Père Dom Jofeph Delrue,
à la fulmination de la Bulle d'extinction & d'union de ladite
abbaye de Saint-Jean de Laon, à la Chapelle de l'Hôtel
de l'École Militaire, & de l'incorporation des revenus de
la Manfe abbatiale de ladite abbaye de Saint-Jean, à la
Chapelle de l'Hôtel de l'École Militaire, fous les réferves
y portées, & des offres qu'il faifoit de dépofer en notre
Greffe ledit acte du 15 octobre préfent mois, & a, ledit
Dom Jean Goulin figné, JEAN GOULIN, Sous-prieur.

Et par le fieur Valioud, Agent de l'Hôtel de l'École
Royale-militaire, demeurant ordinairement à Paris, &
étant de préfent en cette ville, à la fuite des affaires dudit
Hôtel, logé en la maifon abbatiale, principal domicile &
chef-lieu de l'abbatiale de Saint-Jean de Laon, qu'il con-
fent au dépôt du confentement donné par ledit Révérend
Père Dom Jofeph Delrue, audit nom, fous les réferves
& proteftations contraires à celles portées audit confentement, & a requis qu'il foit paffé outre à la fulmination
de la Bulle portant extinction du titre abbatial de l'abbaye
de Saint-Jean de Laon, & de la réunion des fruits,
revenus & dépendances de la Manfe abbatiale de ladite
abbaye de Saint-Jean de Laon, à la Chapelle dudit Hôtel,
& a figné, VALIOUD,

Sur quoi faifant droit, nous avons donné acte audit

Dom Jean Goulin, audit nom, & audit sieur Pierre Valioud, audit nom, de leurs comparution, dires, consentemens, réquisitions & protestations; ordonnons que le consentement du Révérend Père Supérieur général des Bénédictins de la Congrégation de Saint-Maur, dont est ci-devant question, demeurera déposé en notre Greffe après avoir été certifié véritable dudit Dom Jean Goulin, & de nous paraphé; & en conséquence qu'il sera passé outre à la fulmination de ladite Bulle, & avons signé, & notre Greffier. *Signé* LE REBOURS DE VAUMADEUC & MAUGRAS.

Insinué & contrôlé à Laon, le trente octobre mil sept cent soixante. Signé DE VISME.

Nous soussigné, Supérieur général de la Congrégation de Saint-Maur, Ordre de Saint-Benoît, après avoir pris lecture de la Bulle de N. S. Père le Pape, en date du 31 du mois de juillet de l'année 1760, portant commission à Monsieur l'Official de Laon à l'effet d'éteindre le Titre de l'abbaye de Saint-Jean de Laon, & d'en unir & incorporer les revenus à la Chapelle de l'École Royale-militaire ; de la requête de Monseigneur le Duc & Maréchal de Belleisle, & autres, audit Official, tendante à la fulmination de ladite Bulle, aux clauses & conditions y énoncées; l'Ordonnance dudit Official au bas de ladite requête de soit communiqué au Promoteur du diocèse, en date du 1.er jour du mois d'octobre 1760; conclusions du sieur Official du 2.me jour du mois d'octobre suivant, & l'exploit à nous signifié le 8 octobre suivant, tout mûrement considéré, pour nous conformer aux pieuses intentions de Sa Majesté, nous avons consenti & consentons, autant qu'il est en nous, la fulmination de ladite

Bulle, pour être exécutée selon sa forme & teneur, aux réserves faites par les Prieur & Religieux de ladite Abbaye de se pourvoir envers Sa Majesté, pour les léfions qu'ils souffrent des différens Concordats faits avec les Abbés commendataires de ladite Abbaye; en foi de quoi nous avons signé ces préfentes, & icelié du fceau de notre Office, avec le contre-feing de notre Secrétaire, le quinzième jour du mois d'octobre de l'année mil sept cent soixante. *Signé* Fr. JOSEPH DELRUE, Supérieur général.

Pa commandement du Très-Révérend Père Général. *Signé* Fr. ÉTIENNE LE PICARD.

Contrôlé à Laon le vingt-deux octobre mil sept cent soixante. Reçu vingt-cinq sous. Signé LELEU.

Infinué & contrôlé à Laon, le vingt-cinq octobre mil sept cent foixante. Signé DE VISME,

Certifié véritable par le Révérend Père Dom Jean Goulin, Prêtre, Religieux Profès de l'Ordre de Saint-Benoît, Congrégation de Saint-Maur, Sous-prieur de l'abbaye royale de Saint-Jean de Laon, porteur de l'acte ci-dessous, & à sa réquisition, de nous paraphé, au desir de notre procès-verbal de cejourd'hui vingt-neuf octobre mil sept cent soixante. *Signé* Fr. JEAN GOULIN, Sous-prieur; & LE REBOURS DE VAUMADEUC.

Soit la procédure, pour parvenir à la fulmination de la Bulle de N. S. Père le Pape Clément XIII, portant extinction du Titre abbatial de l'abbaye de Saint-Jean de Laon, & de la réunion d'icelui à la Chapelle de l'Hôtel de l'École Royale-militaire, communiquée au Promoteur du diocèse. A Laon le vingt-neuf octobre mil sept cent soixante. *Signé* LE REBOURS DE VAUMADEUC.

Le Promoteur qui a pris communication de la requête

préfentée à Monfieur l'Official de la Cour fpirituelle de ce diocèfe, Commiffaire délégué de N. S. Père le Pape Clément XIII, à lui préfentée par haut & puiffant Seigneur Monfeigneur Charles-Louis Fouquet, Duc de Belleifle, Pair & Maréchal de France, Miniftre & Secrétaire d'État ayant le département de la Guerre, Prince du Saint-Empire, Chevalier des Ordres du Roi & de la Toifon d'or, Général des Armées, Gouverneur des ville & citadelle de Metz, des pays Meffin & du Verdunois, Lieutenant général des duchés de Lorraine & de Bar, Commandant en chef les trois Évêchés, la Lorraine, pays de la Sarre, frontière de Champagne, & du duché de Luxembourg, & fur les côtes maritimes de l'Océan depuis Dunkerque jufqu'à Bayonne, Surintendant de l'École Royale-militaire.

Meffieurs Jofeph Paris Duverney, Confeiller d'État, Intendant en exercice dudit Hôtel; & Antoine Pecquet, Chevalier de l'Ordre royal de Saint-Lazare, Intendant en furvivance dudit Hôtel, tous en leurs dernières qualités, ftipulans pour ledit Hôtel, Chapelle d'icelui & dépendances, tendante à ce qu'il leur foit donné acte de la préfentation qu'ils ont faite audit fieur Official, de la Bulle obtenue de N. S. Père le Pape Clément XIII, en date du 31 juillet dernier, par laquelle Sa Sainteté, pour les caufes & raifons y portées, auroit, à la prière & du confentement de Sa Majefté, ordonné qu'il feroit procédé à la fuppreffion & extinction du titre collatif régulier ou commendataire de l'abbaye royale de Saint-Jean de Laon, Ordre de Saint-Benoît, Congrégation de Saint-Maur, à la féparation & à la diftraction des fruits de la Manfe abbatiale, d'avec ceux de la Manfe conventuelle régulière, réunion & incorporation à perpétuité des fruits de ladite

Manſe abbatiale, à la Chapelle de l'Hôtel de ladite École Royale-militaire, aux charges, clauſes & conditions portées en ladite Bulle, & de la ſoumiſſion de leur part de ſatisfaire auxdites clauſes & conditions ; en conſéquence de procéder à la fulmination & exécution d'icelle Bulle, l'Ordonnance de M. l'Official de ſoit à nous communiqué, le 1.er octobre préſent mois, nos concluſions du même jour, le Décret de mondit ſieur Official, du lendemain 2, inſinué & contrôlé au Bureau des Inſinuations eccléſiaſtiques de ce dioceſe le même jour, portant qu'avant faire droit, le Révérend Père général des Bénédictins de la Congrégation de Saint-Maur, enſemble les Prieur & Religieux de ladite abbaye de Saint-Jean de Laon, feront aſſignés à comparoir par-devant lui, le mercredi 15 du préſent mois, neuf heures du matin, en la Chambre du Prétoire de ladite Officialité, pour répondre ſur le contenu deſdites Bulle & Requête ; l'aſſignation donnée en exécution dudit Décret, au Révérend Père Dom Joſeph Deirue, Supérieur général des Bénédictins de ladite Congrégation, par Rouſſot, Huiſſier à Paris, le 8 du même préſent mois, contrôlé audit Paris le même jour, inſinué & contrôlé au Bureau des Inſinuations eccléſiaſtiques de ce dioceſe le 13 ; l'exploit donné par Gobin, Appariteur en cette Cour, le 11 du préſent mois, & contrôlé à Laon le même jour, inſinué & contrôlé audit Bureau des Inſinuations eccléſiaſtiques ledit jour 13, tant aux ſieurs Prieur & Religieux de ladite abbaye de Saint-Jean de Laon, que par attache & cri public, à toutes les perſonnes qui pourroient avoir intérêt à la réunion de ladite Abbaye, à la Chapelle de l'Hôtel de ladite École Royale-militaire ; le procès-verbal dreſſé par mondit ſieur Official ledit jour 15, par lequel il auroit donné acte au ſieur Pierre

Valloud, Agent dudit Hôtel, demeurant à Paris, & étant de préfent en cette Ville, à la fuite des affaires dudit Hôtel ; & à Dom Charles Navelot, Prieur de ladite abbaye de Saint-Jean, au nom & comme fondé de pouvoir des fieurs Religieux dudit Saint-Jean, de leurs comparutions, dires, réquifitions & réferves ; & défaut contre le Révérend Père Général des Bénédictins, non comparant, ni perfonne fondée de fa procuration, & contre les autres perfonnes intéreffées à ladite union ; & ce requérant ledit Dom Navelot, ordonné que ledit Révérend Père Supérieur général feroit affigné à comparoir par-devant mondit fieur Official, le 31 octobre préfent mois. La requête préfentée à mondit fieur Official, par Dom Jean Goulin, Prêtre, Religieux Profès defdits Ordre & Congrégation, Sous-prieur de ladite abbaye de Saint-Jean de Laon, expofitive qu'il lui a été remis entre les mains, un acte du 15 du même préfent mois, figné Fr. Jofeph Delrue, Supérieur général de ladite Congrégation de Saint-Maur, portant confentement de fa part à la fulmination de la Bulle ci-devant datée, & par laquelle requête il a conclu à ce qu'il lui fût permis de faire affigner mefdits fieurs Surintendant & Intendans, pour avoir acte dudit confentement ; l'Ordonnance de foit à nous communiqué, nos conclufions du 27 de ce mois, le Décret de mondit fieur Official du même jour, portant que mefdits fieurs Surintendant & Intendans feroient affignés à comparoir le 29 du même préfent mois, deux heures de relevée, pour entendre aux conclufions portées en ladite requête ; l'exploit d'affignation donnée auxdits fieurs Surintendant & Intendans, au domicile de M.° Carrière, Procureur en ce Siége, chez lequel ils ont élu domicile, & ce par exploit dudit Gobin, du 28 de ce mois, contrôlé audit Laon le même jour ; le

procès-verbal dreſſé par mondit ſieur Official, ledit jour
29 de ce mois, par lequel il auroit donné acte audit Dom
Jean Goulin, & audit ſieur Valioud, de leurs comparutions, dires & réſerves ; & ordonné que l'acte dudit jour
15 de ce mois, portant le conſentement dudit Révérend
Père Supérieur général des Bénédictins de ladite Congrégation de Saint-Maur, demeureroit dépoſé au Greffe de
cette Officialité ; l'Ordonnance de ſoit à nous communiqué ci-devant tranſcrite, la Bulle de notre S. Père le
Pape, dudit jour 31 juillet dernier, inſinuée & contrôlée
au Bureau deſdites Inſinuations eccléſiaſtiques, le 1." de
ce mois ; l'Acte capitulaire deſdits ſieurs Prieur & Religieux dudit Saint-Jean de Laon, dudit jour 15 octobre,
contrôlé à Laon le même jour par Leleu, & inſinué &
contrôlé auxdites Inſinuations eccléſiaſtiques le 18 ; le
conſentement ſuſdaté dudit Supérieur général de ladite
Congrégation, contrôlé à Laon le 22, & inſinué &
contrôlé aux Inſinuations eccléſiaſtiques le 28. Tout vu
& conſidéré, nous, ſuſdit Promoteur, n'empêchons qu'il
ne ſoit procédé à la fulmination de ladite Bulle, pour la
réunion dont il s'agit. A Laon, ce trente octobre mil
ſept cent ſoixante. *Signé* FLEURY.

Inſinué & contrôlé à Laon le trente octobre mil ſept cent ſoixante.
Signé DE VISME.

FRANCISCUS-Maria-Anna *le Rebours de Vaumadeuc*,
Preſbyter, Doctor Theologus, inſignis Eccleſiæ Laudunenſis Canonicus, & Curiæ ſpiritualis Laudunenſis Officialis,
& Judex ordinarius, Commiſſarius hâc in parte à ſanctiſſi-
mo Domino D. noſtro Papâ Clemente decimo-tertio deputatus & delegatus, omnibus præſentibus ſalutem in Domino. Noverint univerſi quòd viſis per nos Litteris apoſ-

tolicis, feu Bullis a præfato fanctiffimo Domino noftro
Papâ, obtentis & ad nos directis, datis Romæ apud fanc-
tam Mariam majorem, anno Incarnationis dominicæ, mil-
lefimo feptingentefimo fexagefimo, pridie calendas Au-
gufti, Pontificatûs ejufdem fanctiffimi Domini noftri Pa-
pæ anno tertio, fignatis ad calcem variis fignis, & a tergo
pro reverendiffimis DD. Protonotariis apoftolicis de numero participantium, & pro domino Abbate Francifco,
Domino Clemente Secretario, Gafpar *Malchura* Subftitu-
tus, figillatifque Bullâ plumbeâ cordulis albis fericeis ap-
penfâ, curâ & follicitudine magiftri Jofephi *Brunet*, Equitis in fupremo Regis Confilio Patroni, & Romanæ Curiæ
Expeditionarii, Parifiis in viâ *Chriftine* nuncupatâ commo-
rantis, expediri curalis per dictum *Brunet* & *Marchand*, in
eadem Curiâ Romanâ pariter Expeditionarios, juxta edic-
tum regium, debitè certificatis & controllatis die decimâ
fextâ Septembris anni currentis, ac in regiftris Infinuatio-
num ecclefiafticarum diœcefis Laudumenfis defcriptis &
controllatis die primâ menfis Octobris præfentis & anni,
nobis quidem exhibitis & præfentatis pro parte illuftriffimi
& potentiffimi Domini Caroli-Ludovici *Fouquet*, Ducis
Calonefi, gallicè *de Belleifle*, Franciæ Paris & Marefchali,
Miniftri, & fanctioris Confilii Commentarienfis in parte
belli, fancti Imperii Romani Principis, Regiorum Ordi-
num Equitis torquati & Velleris aurei, Ducis generalis
exercituum, urbis & arcis Metenfis Gubernatoris, regio-
num Metenfis & Virodunenfis, regii ducatuum Lotharin-
giæ, & Barodüci Præfecti, Præfecti etiam generalis in diœ-
cefibus Metenfi, Tullenfi & Virodunenfi, Lotharingiâ,
Sarravi regione, Campaniæ finibus, & ducatu Luxembur-
genfi, & in Oceani maritimis oris, ex Dunkerquâ ufque ad
Bayonam, fummi Adminiftratoris ædium Scholæ Regiæ
Militaris

Militaris Parisiis constructarum, illustrissimi virorum Joséphi *Paris Duverney*, a sanctioribus Consiliis, earumdem ædium Administratoris, & Antonii *Pecquet*, regii S. Lazari ordinis Equitis torquati, earumdem ædium Administratoris designati, dictorum Dominorum in suis novissimè dictis muneribus pro præfatis ædibus, earum Capellâ & pertinentiis stipulantium, a perhonesto viro Petro *Valleud*, dictarum ædium negotiis Præposito, Parisiis commorante, & nunc in hac urbe Laudunensi, præsente super unione monasterii sancti Joannis Laudunensis, ordinis sancti Benedicti vacantis, & liberi per obitum bonæ memoriæ Caroli-Gabrielis *de Pestel de Tubiere de Levy de Caylus*, Episcopi Autissiodorensis, ultimi possessoris, qui dum viveret, ut commendam ad sui vitam ex concessione & dispensatione apostolicis hoc monasterium obtinuerat, & eo fruebatur, dictæ Capellæ Scholæ Militaris Regiæ cum suppressione tituli dicti monasterii, ob causas in prædictis Litteris apostolicis latissimè contentas & expressas, viso etiam libello supplicè nobis a supradictis die primâ præsentis mensis Octobris oblato ad effectum executionis bullarum prædictarum, ad cujus calcem Decretum nostrum apposuimus eâdem die primâ præsentis mensis & anni, quo testati sumus nos cum honore & reverentiâ debitis prædictas Litteras apostolicas, & præfatum libellum supplicem acceptavisse, & insuper decrevimus ut partes vocandæ citarentur coram nobis die decimâ quintâ præsentis mensis Octobris, horâ nonâ matutinâ in Prætorio Curiæ spiritualis hujusce diœcesis Laudunensis; in quo Curiæ spiritualis hujusce diœcesis Laudunensis prætorio coram nobis, die decimâ quintâ mensis Octobris comparuit perhonestus vir Petrus *Valleud*, in eodem nomine requirens, ut ratione habitâ postulationis eorum per libellum supplicem ad nos,

Kkkk

a supradictis, per dominum *Valloud*, directum procedere vellemus absque mora, ad executionem commissionis nobis per Bullas apostolicas demandatæ, scilicet ad extinctionem seu regularis, seu commendatarii tituli dictæ abbatiæ sancti Joannis Laudunensis, separationem & distractionem fructuum & proventuum mensæ abbatialis à fructibus & proventibus mensæ conventualis & regularis prædicti monasterii sancti Joannis, & unionem mensæ abbatialis, & omnium ejus fructuum, proventuum, jurium & pertinentium, Capellæ Scholæ Militaris Regiæ.

Comparuit etiam reverendus Pater Dominus Carolus *Navelot*, Presbyter, Religiosus sancti Benedicti ordinis, sancti Mauri congregationis, Prior conventualis dicti monasterii sancti Joannis Laudunensis, a capitulo ejusdem monasterii deputatus, ut nobis constitit per Actum capitularem de die decimâ quintâ præsentis mensis Octobris confectum & controllatum, quem nobis exhibuit tempore processûs verbalis per nos facti die decimâ quintâ præsentis mensis & anni, qui vocatus à Jacobo *Gobin*, Apparitore hujusce Curiæ spiritualis Laudunensis, per instrumentum significationis de die undecimâ præsentis mensis Octobris, ipsi & toti monasterio datum juxta nostrum Decretum pro effectu executionis prædictarum Bullarum, tam ipso suo nomine, quàm dicti monasterii sancti Joannis consensum; præstitit pro extinctione tituli regularis, seu commendatarii dictæ abbatiæ, separatione ac distractione fructuum & proventuum abbatialis mensæ a fructibus & proventibus regularis mensæ conventualis, & itidem unioni perpetuæ dictorum fructuum & proventuum dictæ abbatialis mensæ ad capellam dictæ Scholæ Militaris Regiæ, ita tamen conditionibus, clausulis & oneribus quæ in dictis Litteris apostolicis expressa & contenta sunt, & cum protestationibus per ipsum factis pro conservatione jurium conventualis mensæ, quas contra protestationes dicti Prioris, idem dominus *Vailoud*, omnes contrarias protestationes reclamavit, prout in processu nostro verbali habetur.

Et die vigesimâ nonâ præsentis mensis Octobris comparuit Reverendus Pater Dominus Joannes *Goulin*, Religiosus eorumdem ordinis & congregationis Subprior dicti monasterii sancti Joannis Laudunensis, qui nobis exhibuit consensum Superioris generalis dicti ordinis sancti Benedicti, sub datâ diei decimæ quintæ dicti mensis Octobris, sub signo manuali *Fr. Joseph Delrue, Supérieur Général*, & infrà, *par commandement du Très-Révérend Père Général, Fr. Etienne le Picard, Secrétaire*, ad extinctionem tituli dictæ abbatiæ, & unionem fructuum & proventuum mensæ abbatialis ad supradictam Capellam dictæ Scholæ, quem consensum controllatum & insinuatum, ut par est, deposuit nostro Secretario ordinario, ut jungeretur aliis instrumentis hujusce processûs.

De quibus omnibus quæ tam a præfato domino Petro *Vailoud*, quàm a dictis Dominis Carolo *Navelet* & Joanne *Goulin*, dictâ requisitâ & protestatâ respectivè fuerunt, processus verbales confecimus diebus decimâ quintâ & vigesimâ nonâ hujusce mensis, in quibus hæc omnia fusè & expressè enuntientur. Quibus omnibus & nostris etiam processibus verbalibus visis, visis quoque actu capitulari supradicto de die decimâ quintâ, & consensu Superioris generalis de eâdem die & perpensis, nos Judex ordinarius, Commissarius & Executor antedictus planè & sufficienter de veritate omnium quæ in dictis Litteris apostolicis continentur, informati, easdem Litteras fulminantes, annuente & consentiente Promotore generali Curiæ spiritualis hujusce diœcesis Laudunensis, titulum seu regularem, seu commendatarium abbatiæ fancti Joannis Laudunenfis, ordinis fancti Benedicti, & in eodem monafterio nomen & denominationem abbatis, jufque ad illam nominandi, de expreffo Regis confenfu, auctoritate apoftolicâ nobis commifsâ, & quâ fungimur in hâc parte, fuppreffimus & extinximus, & extinguimus in perpetuum, fructus ac proventus omnes & quofcumque menfæ abbatialis dictæ abbatiæ, a fructibus & proventibus menfæ conventualis feparavimus & diftraximus, necnon dictæ menfæ abbatialis fructus & proventus, cum omnibus & fingulis ejufdem menfæ bonis, juribus temporalibus, honoribus, prærogativis, præeminentiis, terris, dominiis, fundis, feudis, pertinentiis, obventionibus, & emolumentis univerfis ad primodicti monafterii pro tempore exiftentes Abbates, ac illius menfam abbatialem tantùm quomodolibet fpectantibus & pertinentibus, cujufcumque nominis, naturæ, fpeciei, quantitatis & qualitatis exiftant, abfque ullâ exceptione & refervatione, fine alicujus tamen præjudicio, Capellæ Scholæ Militaris Regiæ perpetuò, de eodem Regis confenfu, & eâdem auctoritate apoftolicâ annexuimus & incorporavimus fub iis tamen conditionibus & cautelis, videlicet quòd propter fuppreffionem, unionem & incorporationes prædictas, divinus cultus in dicto monafterio & folitus monachorum numerus nullatenus minuatur, fed dicti monafterii fupportentur onera confueta, falva & illæfa menfæ conventualis dicti monafterii jura remaneant.

Jus nominandi, feu præfentandi perfonas idoneas ad curâ conventuque carentes prioratus, cæteraque beneficia ecclefiaftica, curam tamen animarum minimè annexam habentes, & habentia & extra præfatam Romanam Curiam tantùm vacantes & vacantia, & a primodicto monafterio dependentes & dependentia, & quorum collatio, provifio,

& alia quævis dispositio, cessantibus, reservationibus & affectionibus apostolicis, ad pro tempore existentem abbatem, seu perpetuum commendatarium primodicti monasterii, quomodolibet spectabat & pertinebat, deinceps perpetuis futuris temporibus, dum illos & illa, pro tempore extra dictam Curiam tantùm vacare contigerit, Ludovico Regi nostro ejusque Successoribus Franciæ Regibus in compensationem juris nominandi ad primodictum monasterium, ei & eis ut præfertur, competentis, cùm hoc tamen quod ad similes prioratus similiaque beneficia per dictum Ludovicum Regem nostrum, ejusque successores ejusdem Franciæ Reges pro tempore, nominati, illorum expeditiones, per Datariam apostolicam, solitâ servatâ formâ, prosequi & facere debeant.

Jus verò nominandi ad prioratus, aliaque beneficia ecclesiastica dicti Ordinis regularia quibus cura imminet animarum, & a primodicto monasterio dependentes, ac dependentia, & extra dictam Curiam tantùm vacantes & vacantia, & quorum collatio, provisio, seu quævis alia dispositio, cessantibus reservationibus & affectionibus præfatis, antea ad eumdem Abbatem seu perpetuum commendatarium primodicti monasterii nunc & pro tempore existentem spectabat & pertinebat, pro tempore existentibus Archiepiscopis, seu Episcopis, in quorum respectivè diœcesibus prioratus & beneficia hujusmodi siti & sita reperiuntur, cessantibus etiam reservationibus & affectionibus apostolicis præfatis, itidem perpetuò reservamus, concedimus & assignamus, juxta tenorem dictarum Bullarum apostolicarum.

Quocirca licebit Dominis Administratoribus præfatæ Capellæ Scholæ Militaris Regiæ, mensæ abbatialis supradicti monasterii sancti Joannis Laudunensis, ut præfertur,

segregatæ & separatæ, fructuum, reddituum, prærogativarum, præeminentiarum, jurisdictionum, jurium, obventionum, pertinentiarum & emolumentorum universorum
corporalem, realem & actualem possessionem, per se, vel
alium, seu alios illorum nomine, propriâ auctoritate apprehendere, apprehensam perpetuò retinere, illaque locare,
dislocare, arrendare, exigere, percipere, levare, recuperare, ac in Capellâ Scholæ Militaris Regiæ usus &
utilitatem convertere, salvis tamen conventualis mensæ
juribus.

Cui quidem reservationi mensæ conventualis & jurium
ejus priùs dictæ, præfatus dominus Petrus *Valioud*, nomine Administratorum dictæ Capellæ Scholæ Militaris
Regiæ consensit, salvis etiam & remanentibus juribus
omnibus tam dictæ Capellæ quàm dictorum prioris &
monachorum, & absque præjudicio alter utriusque partis,
prout in dictis nostris processibus verbalibus fusiùs habetur.
Eâ demum conditione ut satisfiat priùs omnibus & singulis oneribus secundùm canonicas sanctiones & constitutiones apostolicas, quamquidem tituli abbatialis extinctionem & mensæ abbatialis in integrum unionem &
incorporationem prædictæ Capellæ Scholæ Militaris Regiæ, auctoritate nobis pro prædictas Bullas concessâ,
pronuntiavimus & pronuntiamus, non obstantibus Laternensis Concilii novissimè celebrati decretis, uniones perpetuas, nisi in casibus a jure permissis fieri prohibentis,
aliisque Constitutionibus apostolicis. In cujus rei fidem
præsentes Litteras manu nostrâ subscriptas per magistrum
Joannem-Christianum *Maugras*, Secretarium nostrum
ordinarium scribi & signari, sigilloque Curiæ spiritualis
Laudunensis muniri jussimus.

Datum Lauduni in prætorio hujus Curiæ spiritualis

diœcesis Laudunensis, anno Incarnationis Dominicæ millesimo septingentesimo sexagesimo, die verò trigesimâ primâ mensis Octobris.

Et postea scriptum est, inscriptum ni inspectione laïca, die quintâ mensis Novembris, per magistrum *Leleu*, qui recepit sex libras & quinque asses, & in inspectione ecclesiasticâ, die sextâ ejusdem mensis Novembris, per magistrum DE VISME.

L'an mil sept cent soixante, le vingt-septième jour de Novembre, à la requête de mondit Seigneur le Maréchal Duc de Belleisle, & de mesdits sieurs Paris Duverney & Pecquet, Surintendant & Intendans dudit Hôtel de l'École Royale-militaire, & stipulans pour ledit Hôtel, Chapelle d'icelui, & dépendances, pourfuite & diligence dudit sieur Pierre Valioud, Agent dudit Hôtel, de présent audit Laon, pour tous lesquels domicile est continué en l'étude & domicile de M.º Chrétien Carrière, Procureur en la Cour spirituelle dudit Laon, sise rue du Bloc, paroisse Saint-Remi-à-la-Place : Je, Jacques Gobin, Appariteur de la Cour spirituelle du diocèse de la ville dudit Laon, y demeurant, soussigné, ai signifié aux sieurs Religieux, Prieur & Couvent du monastère de Saint-Jean de Laon, en parlant à leur Portier, qui n'a voulu dire son nom, de ce sommé & interpellé, à domicile, le contenu en la Sentence de fulmination, du 30 octobre dernier, signé Maugras, collationnée & scellée, dûment contrôlée & insinuée ci-devant, & des autres parts transcrite; & à ce que lesdits sieurs Religieux, Prieur & Couvent n'en ignorent, je leur ai laissé copie, tant de ladite Sentence de fulmination,

que de mon préfent exploit; les jour & an fufdits.
Signé GOBIN.

Contrôlé à Laon, le vingt-fept novembre mil fept cent foixante. Reçu dix fous. Signé LELEU.

Infinué & contrôlé à Laon, ce vingt-fept novembre mil fept cent foixante. Signé DE VISME.

ACTE

De prife de poffeffion civile des biens dépendans de la Manfe abbatiale de l'abbaye de Saint-Jean de Laon.

AUJOUD'HUI trente Décembre mil fept cent foixante, avant midi, nous Philippe-Louis Rouffeau & Cyr-Élie Gallien, Notaires royaux apoftoliques en la ville & diocèfe de Laon, demeurant audit Laon, fouffignés, à la réquifition de monfieur Pierre Valioud, Agent de l'Hôtel de l'École Royale-militaire, au nom & comme fondé de la procuration de Charles-Louis Fouquet, Duc de Belleifle, Pair & Maréchal de France, Miniftre & Secrétaire d'État ayant le département de la guerre, Prince du Saint-Empire, Chevalier des Ordres du Roi & de la Toifon d'or, Général des Armées, Gouverneur des ville & citadelle de Metz, des pays Meffin & du Verdunois, Lieutenant général des duchés de Lorraine & de Bar, Commandant en chef dans les trois Évêchés, la Lorraine, pays de la Sarre, frontière de Champagne & du duché de Luxembourg, & fur les côtes maritimes de l'Océan depuis Dunkerque jufqu'à Bayonne.

De meffire Jofeph Paris Duverney, Confeiller du Roi
en

en ses Conseils d'État & Privé; & de messire Antoine Pecquet, Chevalier, Commandeur de l'Ordre Militaire & Hospitalier de Saint-Lazare, & de Notre-Dame du Mont-Carmel, tous trois stipulans pour l'Hôtel de ladite École Militaire : savoir, mondit Seigneur le Maréchal Duc de Belleisle, en qualité de Secrétaire d'État de la guerre, Surintendant dudit Hôtel; mondit sieur Paris Duverney, en sa qualité d'Intendant; & mondit sieur Pecquet, en sa qualité d'Intendant en survivance dudit Hôtel, ladite procuration passée par-devant Melin & son confrère, Notaires au Chatelet de Paris, le 25 décembre présent mois, icelle demeurée en original, jointe & annexée à ces présentes, après avoir été certifiée véritable, paraphée & signée dudit sieur Valioud, & à sa requisition, desdits Notaires, nous sommes transportés au monastère royal de Saint-Jean de Laon, Ordre de Saint-Benoît, Congrégation de Saint-Maur, diocèse de Laon, où étant, à la requisition dudit sieur Valioud, audit nom & en présence des Révérends Pères Prieur & Religieux dudit monastère, assemblés en Chapitre, l'un de nous a lû à haute & intelligible voix, mot après autre, la Bulle ou Lettres apostoliques de N. S. Père le Pape Clément XIII, accordée à la prière & du consentement deSa Majesté, sur la suppression & extinction du Titre d'abbaye dudit monastère, & de la dénomination d'Abbé en icelui, & sur l'union de la Manse abbatiale dudit monastère de Saint-Jean de Laon à la Chapelle dudit Hôtel de l'École Militaire, pour les causes portées auxdites Lettres apostoliques, données à Rome à Sainte-Marie Majeure, le 31 juillet 1760, signées en fin, Gaspard Maldura, & autres, scellées en plomb, de soie blanche. expédiées par Joseph Brunet, Avocat au Conseil & Expéditionnaire en Cour

de Rome , demeurant à Paris, certifiées & contrôlées
suivant l'Édit , le 16 septembre de la même année , par
ledit sieur Brunet, & le sieur Marchand , aussi Avocat
& Expéditionnaire en Cour de Rome, & enregistrées au
Greffe des Insinuations ecclesiastiques du diocèse de Laon,
le 1.ᵉʳ octobre de ladite présente année ; & après avoir lû
lesdites Bulles, ledit Notaire royal apostolique a pareillement lû la sentence rendue par Monsieur l'Official &
Juge ordinaire du diocèse dudit Laon, Commissaire
délégué de N. S. Père le Pape, par ladite Bulle, en date
du 31 dudit mois d'octobre , par laquelle ledit sieur
Official de Laon, après avoir fait intimer ceux qui
devoient l'être, & de leurs consentemens, a éteint le
Titre d'abbaye dudit Saint-Jean de Laon, & la dénomination d'Abbé en icelui, & a uni la Manse abbatiale
dudit monastère, avec tous ses droits, fruits & revenus,
à la Chapelle dudit Hôtel, ainsi qu'il est plus au long
expliqué par ladite sentence ; & après avoir lû lesdites Bulle
& sentences, nous avons mis lesdits sieurs Administrateurs,
esdites qualités, & leurs Successeurs, en possession réelle,
corporelle & actuelle de tous & chacun les fruits, revenus,
biens, honneurs, prérogatives, prééminences, juridiction, terres, domaines, appartenances, droits, obventions
& émolumens unis à perpétuité, à la Chapelle dudit
Hôtel, par lesdites Bulle & sentences, après, par ledit
sieur Valioud audit nom, avoir rempli les formalités
en tels cas requises & accoutumées ; & ce, par la libre
entrée en ladite église, prise l'eau bénite, prières faites
à Dieu devant le maître-autel au bas sur la première
marche d'icelui, son des cloches, & s'étant placé au
premier stalle à droite en entrant au chœur par la principale porte, ledit sieur Valioud a récité les Oraisons de la

Sainte-Trinité, de la Sainte Vierge, de Saint-Jean-Baptiste & de Saint-Louis; & de suite noufdits Notaires apostoliques, nous sommes rendus avec ledit sieur Valioud en la maison abbatiale dudit monastère, sise à côté de ladite église, où il a également pris possession par la libre entrée de ladite maison, ainsi qu'aux appartemens & dépendances d'icelle; après quoi avons publié & notifié ladite prise de possession de ladite Manse abbatiale, par ledit sieur Valioud, audit nom, pour lesdits sieurs Administrateurs, & leurs Successeurs, afin que personne n'en prétende cause d'ignorance; de tout quoi ledit sieur Valioud nous a requis le présent acte, à lui octroyé sous cette forme, lequel a été fait tant en ladite église, qu'en ladite maison, les jour & an susdits, en présence de messire Claude Rillard, Chevalier, Conseiller du Roi, Lieutenant général d'épée du bailliage de Laon, y demeurant; messire François Dutrique, Chevalier de l'Ordre royal & militaire de Saint-Louis, Lieutenant-colonel d'Infanterie, demeurant audit Laon; monsieur Jacques-François Marchand de Cambronne, Chevalier de l'Ordre royal & militaire de Saint-Louis, ancien Capitaine de Grenadiers; M.° Nicolas Claude Bottée, Conseiller du Roi, Élu en l'Élection dudit Laon, y demeurant, & de monsieur Joseph Destremont, demeurant à Cerny, lesquels ont signé avec ledit sieur Valioud & lesdits Notaires, en la minute demeurée aux liasses de Gallien, l'un des Notaires soussignés; contrôlé à Laon par Leleu, qui a reçu six livres cinq sous pour les droits, le 5 janvier suivant; insinuée & contrôlée au bureau des Insinuations ecclésiastiques par de Vifme, Greffier, le même jour 5 janvier.

LIII ij

Suit la teneur de ladite Procuration.

PAR-DEVANT les Conseillers du Roi, Notaires au Châtelet de Paris, souffignés, furent préfens Charles-Louis Fouquet, Duc de Belleifle, Pair & Maréchal de France, Miniftre & Secrétaire d'État ayant le département de la guerre, Prince du Saint-Empire, Chevalier des Ordres du Roi & de la Toifon d'or, Général des Armées, Gouverneur des ville & citadelle de Metz, du pays Meffin & du Verdunois, Lieutenant général des duchés de Lorraine & de Bar, Commandant en chef dans les trois Évêchés, la Lorraine, pays de la Sarre, frontière de Champagne, & du duché de Luxembourg, & fur les côtes maritimes de l'Océan depuis Dunkerque jufqu'à Bayonne, demeurant à Paris, en fon Hôtel, rue de Bourbon, quartier Saint-Germain-des-Prés, paroiffe Saint Sulpice.

Meffire Jofeph Paris Duverney, Confeiller du Roi en fes Confeils d'État & Privé, demeurant à Paris, rue Saint-Louis au Marais, paroiffe Saint Gervais.

Et Meffire Antoine Pecquet, Chevalier, Commandeur de l'Ordre Militaire & Hofpitalier de Saint-Lazare, & de Notre-Dame du Mont-Carmel, demeurant à l'Hôtel de l'École Royale-militaire, terroir de Grenelle, paroiffe Saint Sulpice.

Tous trois ftipulans pour l'Hôtel de ladite École Royale-militaire; favoir, mondit Seigneur le Maréchal Duc de Belleifle, en qualité de Secrétaire d'État de la Guerre, Surintendant dudit Hôtel; mondit fieur Paris Duverney, en fa qualité d'Intendant, & mondit fieur Pecquet, en fa qualité d'Intendant en furvivance dudit Hôtel.

Lefquels ftipulans comme deffus , ont par ces préfentes donné pouvoir à M. Pierre Valioud , Agent de l'Hôtel de ladite École Militaire , de pour & au nom de l'Hôtel de l'École Royale-militaire , prendre poffeffion des biens , revenus & droits généralement quelconques, appartenans à la Manfe abbatiale de l'abbaye de Saint-Jean de Laon, dont le titre a été éteint & fupprimé, pour être lefdits biens, revenus & droits unis à perpétuité à la Chapelle dudit Hôtel, par la Bulle de N. S. Père le Pape Clément XIII, du 31 juillet dernier , fulminée par fentence de l'Official de Laon, du 31 octobre auffi dernier, faire à ce fujet tous actes néceffaires, accompagné de deux Notaires royaux apoftoliques , & généralement, promettant, obligeant. FAIT & paffé à Paris, ès Hôtels & demeure des Parties, l'an mil fept cent foixante, le vingt-cinquième jour de décembre, & ont figné. Ainfi figné le Maréchal Duc de Belleifle, Paris Duverney & Pecquet, avec Dubarle & Melin , Notaires; & fcellé & infinué à Laon par de Vifme, Greffier.

Certifié véritable, paraphé& figné dudit fieur Valioud, & à fa requifition, des Notaires fouffignés au defir de l'acte de prife de poffeffion des autres parts , paffé par-devant les Notaires royaux apoftoliques audit Bailliage de Laon, le trente décembre mil fept cent foixante. Ainfi figné Valioud, Rouffeau & Gallien, Notaires. *Signé* ROUSSEAU, GALLIEN.

L'an mil fept cent foixante-un , le douzième jour du mois de janvier, à la requête de l'Hôtel de l'École Royale-militaire, pourfuite & diligence du fieur Pierre Valioud fon Agent, pour lefquels domicile eft élu à Laon en leur maifon, cour de Saint-Jean , y demeurant; j'ai,

Jean-Baptiste Charpentier, Huissier en la Connétablie de Nosseigneurs les Maréchaux de France, immatriculé à la Table de Marbre, & au Bailliage dudit Laon, y demeurant, soussigné, signifié, baillé & laissé copie à Messieurs les Prieur, Religieux & Couvent du monastère royal de Saint-Jean dudit Laon, y demeurant, en parlant au Portier dudit Monastère, qui a refusé de dire son nom & signer, quoique sommé, & promit de remettre dans le jour au Procureur dudit Monastère le présent acte. 1.° De l'acte de prise de possession, des autres parts, des biens, revenus & droits généralement quelconques, appartenans à la Manse abbatiale dudit Saint-Jean de Laon, dont le Titre a été éteint & supprimé, pour être lesdits biens, revenus & droits unis à perpétuité à la Chapelle dudit Hôtel, ainsi qu'il est dit audit acte, passé devant Gallien & son confrère, Notaires Royaux à Laon, le 30 décembre dernier, contrôlé & insinué audit Laon, le 5 janvier présent mois. 2.° De la Procuration annexée & insérée au bas dudit acte, à fin de prise de possession, passée devant Melin & son confrère, Notaires au Châtelet de Paris, le 25 décembre aussi dernier, à ce que du contenu en iceux ils n'en prétendent cause d'ignorance, aient à s'y conformer, à peine de toutes pertes, dépens, dommages & intérêts, auxquels susnommés & qualifiés à domicile, & parlant comme dessus, j'ai laissé copie du présent original, ensemble de l'acte de procuration y relaté, les jour & an susdits. *Signé* CHARPENTIER, Notaire,

Contrôlé à Laon, ce douze janvier mil sept cent soixante-un. Reçu dix sous. Signé LELEU.

Reçu pour tous droits de M. Vallond, quarante sous.

LETTRES PATENTES

*Sur Bulle & sur Sentence de fulmination, portant sup-
pression du Titre de l'abbaye de Saint-Jean de Laon,
& union des biens, droits & revenus de la Manse
abbatiale à la Chapelle de l'École Royale-militaire.*

Données à Versailles au mois de Novembre 1761.

LOUIS, PAR LA GRÂCE DE DIEU, ROI DE
FRANCE ET DE NAVARRE : A tous préfens & à
venir ; SALUT. L'obligation que nous nous fommes
impofée, en fondant notre École Royale-militaire, de
la doter d'une manière affez folide pour affurer la durée
d'un établiffement utile à l'État, nous a fait avoir recours
pour cet effet à des moyens qui ne fuffent point à
charge à nos Sujets. Mais dans le deffein que nous avons
eu de pourvoir à l'éducation de cinq cents jeunes Gentilshommes nés fans biens, notre principale attention a
été de les faire élever dans les principes de Religion, qui
font la principale fource du vrai courage & des autres
vertus, tant civiles que militaires. Animés par ces vues,
nous avons fondé dans l'Hôtel de notredite École une
Chapelle, dont nous avons confié la defferte à des Eccléfiaftiques recommandables par leur doctrine ; lefquels en
même temps qu'ils font chargés de la célébration du Service
Divin & de l'adminiftration des Sacremens, ont auffi foin
d'inftruire les jeunes Élèves dans les principes de Religion,
qui font la partie la plus effentielle de la bonne éducation.
Les fecours que nous devons à ces jeunes Élèves, dans les

genres de maladies auxquelles dans un âge si tendre ils peuvent être exposés, nous ont fait connoître la nécessité dont il étoit d'établir dans le même Hôtel une Infirmerie, dans laquelle un certain nombre de personnes fussent destinées à les soigner dans leurs infirmités : Et comme tout ce qui peut tendre au soulagement des malades a toujours été mis au rang des pieux établissemens, nous avons cru devoir renfermer la Chapelle & l'Infirmerie dans une seule & même fondation, en la dotant de biens ecclésiastiques, qui étant originairement destinés à la célébration du Service Divin, & au soulagement des malades, ne changeroient point leur destination lorsqu'ils seroient employés aux mêmes usages dans notre École Royale-militaire. La mort du sieur de Caylus, évêque d'Auxerre, ayant fait vaquer l'abbaye de Saint-Jean de Laon, dont il étoit titulaire, nous avons saisi cette occasion de consommer notre Fondation en faisant séparer la Manse abbatiale, d'avec la Manse conventuelle de cette Abbaye, & en faisant ensuite réunir les biens, droits & revenus de cette Abbaye à notre École Royale-militaire, après avoir fait éteindre & supprimer les Titre & Qualité d'Abbaye & d'Abbé de Saint-Jean de Laon. Pour parvenir à cet objet, nous avons par notre Brevet du 1.er novembre 1756, commandé d'expédier toutes lettres & dépêches en Cour de Rome, pour l'obtention des Bulles nécessaires à ce sujet. Et sur ce Brevet, N. S. Père le Pape Clément XIII a donné des Bulles, en date du 31 juillet 1760, par lesquelles, pour les causes & raisons y portées, il a ordonné qu'il seroit procédé à la suppression & extinction du Titre collatif, régulier ou commendataire de l'abbaye de Saint-Jean de Laon, à la séparation & distraction des biens & fruits de la Manse abbatiale, d'avec

ceux

ceux de la Manſe conventuelle & regulière, auſſi-bien qu'à l'union & incorporation à perpétuité des biens & fruits de ladite Manſe abbatiale à la Chapelle de l'École Militaire : ces Bulles ayant été adreſſées avec délégation à l'Official de Laon, pour les fulminer & les faire exécuter, cet Official, ſur la préſentation qui lui en a été faite par les Surintendant & Intendans en exercice & en ſurvivance de l'Hôtel de l'École Militaire, ſtipulans pour ledit Hôtel, a accepté la commiſſion du Saint-Siége, & ordonné en conſéquence que le Supérieur général des Bénédictins de la Congrégation de Saint-Maur, & les Prieur & Religieux de l'abbaye de Saint-Jean, ſeroient aſſignés à comparoir devant lui, pour répondre ſur le contenu aux mêmes Bulles & requête, pour iceux ouïs être par lui ordonné ce qu'il appartiendroit ; les aſſignations ayant été données tant auxdits Supérieur général, Prieur & Religieux, qu'aux autres Parties intéreſſées, leſquelles ont été appelées par cri public, leſdits Supérieur général, Prieur & Religieux ont conſenti à la fulmination & exécution de ces Bulles, auſſi-bien qu'à l'extinction du Titre de l'abbaye, & à l'union & incorporation des biens & revenus d'icelle à la Chapelle de ladite École. Enfin après l'obſervation de ces formalités, & des autres requiſes en pareil cas, l'Official de Laon a rendu ſur les concluſions du Promoteur, le 31 octobre 1760, une ſentence par laquelle, en fulminant les Bulles, il a ſupprimé & éteint le Titre de l'abbaye & la dénomination d'abbé de Saint-Jean de Laon, ſéparé les biens, fruits & revenus de la Manſe abbatiale, d'avec ceux de la Manſe conventuelle, & uni & incorporé tous les biens, droits, fruits & revenus de la Manſe abbatiale, à la Chapelle de notre École Militaire. Mais les Bulles & ſentence de

M m m m

fulmination d'icelles ne pouvant être exécutées, à moins qu'il n'apparoisse par nos Lettres de ce qui est en cela de notre volonté, les Surintendant & Intendans en exercice & en survivance de l'Hôtel de ladite École, stipulans pour ledit Hôtel, Chapelle d'icelui & dépendances, nous ont très-humblement supplié de vouloir les leur accorder. A CES CAUSES, & autres bonnes & justes considérations, à ce nous mouvant ; de notre grâce spéciale, pleine puissance & autorité royale, après avoir fait examiner dans notre Conseil, lesdites Bulles, du 31 juillet 1760, & sentence de fulmination d'icelles, du 31 octobre de la même année, ensemble les actes de consentement, donnés auxdites extinction & union, par les Supérieur général de la Congrégation de Saint-Maur, Prieur & Religieux de Saint-Jean de Laon, & autres pièces, le tout ci-attaché sous le contre-scel de notre Chancellerie, Nous avons, par ces présentes signées de notre main, loué, confirmé & approuvé ; louons, confirmons & approuvons lesdites Bulles du Pape Clément XIII, du 31 juillet 1760, portant suppression & extinction du Titre de l'abbaye & de la dénomination d'abbé de Saint-Jean de Laon, séparation de la Manse abbatiale d'avec la Manse conventuelle, & union & incorporation de tous les biens, droits, fruits & revenus de ladite Manse abbatiale, à la Chapelle de notre École Royale-militaire : Voulons & nous plaît que lesdites Bulles, & tout ce qui a été fait en conséquence, sortent leur plein & entier effet, en tout ce qui ne s'y trouvera point contraire aux droits de notre Couronne, concordats, franchises & libertés de l'Église Gallicane. SI DONNONS EN MANDEMENT à nos amés & féaux Conseillers, les Gens tenant notre Cour de Parlement à Paris, & à tous autres nos Officiers & Justiciers qu'il appartiendra, que ces préfentes ils aient à faire regiftrer, & le contenu en icelles, jouir & ufer ledit Hôtel de notre École Royale-militaire, pleinement, paifiblement & perpétuellement, ceffant & faifant ceffer tous troubles & empêchemens, & nonobftant toutes chofes à ce contraires : CAR TEL EST NOTRE PLAISR; & afin que ce foit chofe ferme & ftable à toujours, nous avons fait mettre notre fcel à cefdites préfentes. DONNÉ à Verfailles au mois de novembre, l'an de grâce mil fept cent foixante-un, & de notre règne le quarante-feptième. *Signé* LOUIS. *Et plus bas*, Par le Roi. *Signé* LE DUC DE CHOISEUL. *Vifa* BERRYER. Et fcellées du grand fceau de cire verte, en lacs de foie rouge & verte.

Regiftrées, ce confentant le Procureur général du Roi, pour jouir par l'impétrant de leur effet & contenu, & être exécutées felon leur forme & teneur, aux charges, claufes & conditions y portées ; & en outre fous les réferves mentionnées en l'acte capitulaire des Prieur & Religieux de l'abbaye de Saint-Jean de Laon, du 26 mai 1762, fans préjudice néanmoins des proteftations contraires énoncées au certificat des Surintendant & Intendans de l'Hôtel de l'École Royale-militaire, du 12 juin 1762, fuivant l'arrêt de ce jour. A Paris, en Parlement, le quinze juillet mil fept cent foixante-deux. Signé DUFRANC.

EXTRAIT des Regiftres du Parlement.

VU par la Cour, les Lettres patentes du Roi, données à Verfailles au mois de novembre 1761, fignées Louis. Et plus bas, Par le Roi, fignées le Duc de Choifeul. *vifa* Berryer ; & fcellées du grand fceau de cire verte, en lacs de foie rouge & verte, par lefquelles, pour les caufes y contenues, le Seigneur Roi a loué, confirmé & approuvé les Bulles du Pape

Clément XIII, du 31 juillet 1760, portant suppression & extinction du Titre de l'abbaye & de la dénomination d'abbé de Saint-Jean de Laon, séparation de la Manse abbatiale d'avec la Manse conventuelle, & union & incorporation de tous les biens, droits, fruits & revenus de ladite Manse abbatiale à la Chapelle de l'École Royale-militaire, & la sentence de fulmination desdites Bulles, rendue le 31 octobre 1760, par l'Official de Laon, délégué par icelles à l'effet de les faire exécuter. Veut ledit Seigneur Roi, que lesdites Bulles & sentence de fulmination d'icelles, sortent leur plein & entier effet, en ce qui ne se trouvera point contraire aux droits de sa Couronne, concordats, franchises & libertés de l'Église Gallicane, ainsi qu'il est plus au long contenu esdites Lettres patentes, à la Cour adressantes. Vu ensemble les Bulles du Pape Clément XIII, données à Rome à Sainte-Marie-majeure, la veille des calendes d'août 1760, certifiées véritables le 16 de septembre suivant, par Brunet & Marchand, Expéditionnaires en Cour de Rome, par lesquelles il auroit été dit qu'il seroit procédé à la suppression & extinction du Titre collatif, régulier ou commendataire de l'abbaye de Saint-Jean de Laon, à la séparation & distraction des biens & fruits de la Manse abbatiale, d'avec ceux de la Manse conventuelle & régulière, aussi-bien qu'à l'union & incorporation à perpétuité des biens & fruits de ladite Manse abbatiale, à la Chapelle de l'École Royale-militaire, lesdites Bulles adressées à l'Official de Laon, avec délégation pour les fulminer & les faire exécuter. Vu aussi la sentence rendue le 31 octobre 1760, par l'Official de Laon, attaché sous le contre-scel desdites Lettres patentes, par laquelle, après les formalités en pareil cas requises, ledit Official, en fulminant lesdites Bulles, auroit prononcé l'extinction & suppreffion du Titre de l'abbaye & de la dénomination d'abbé de Saint-Jean de Laon, la féparation des biens, fruits & revenus de la Manfe abbatiale, d'avec ceux de la Manfe conventuelle, & l'union & incorporation de tous les biens, droits, fruits & revenus de ladite Manfe abbatiale, à la Chapelle de l'École Royale-militaire. Vu pareillement la requête préfentée à la Cour par Étienne de Choifeul, Duc de Stainville, Pair de France, Miniftre & Secrétaire d'État, & Surintendant de l'École Royale-militaire; Jofeph Paris Duverney, Intendant dudit Hôtel; & Antoine Pecquet, auffi Intendant en furvivance dudit Hôtel, tous ftipulans pour ledit Hôtel, Chapelle d'icelui & dépendances, à fin d'enregiftrement defdites Lettres patentes; l'arrêt rendu fur les conclufions du Procureur général du Roi, le 4 février 1762, par lequel la Cour, avant de procéder audit enregiftrement, auroit ordonné que d'office, à la requête du Procureur général du Roi, & par le Confeiller-rapporteur, il feroit informé de la commodité ou incommodité que peuvent apporter la fuppreffion & extinction du Titre de l'abbaye, & de la dénomination d'abbé de Saint-Jean de Laon, Ordre de Saint-Benoît, & l'union & incorporation de tous les biens, fruits & revenus de ladite Manfe abbatiale, à la Chapelle de l'École Royale-militaire; être en outre ordonné que les Lettres patentes du mois de novembre 1761, les Bulles du Pape du 31 juillet 1760, & la fentence de fulmination defdites Bulles, feroient communiquées à l'évêque de Laon, ou en fon abfence à fes Vicaires généraux, pour avoir fon avis fur lefdites fuppreffion & union, enfemble au Supérieur général des Bénédictins de la Congrégation de Saint-Maur, & aux Prieur, Religieux & Monaftère de Saint-Jean de Laon,

capitulairement affemblés, pour donner tous leur confentement à l'enregiftrement & exécution defdites Lettres
patentes, Bulles & fentence de fulmination, ou y dire
autrement ce qu'ils aviferoient; comme auffi être ordonné
que les impétrans feroient tenus de rapporter en la Cour
un état figné d'eux, & affirmé véritable, des biens,
revenus & charges, tant de ladite Manfe abbatiale que de
ladite Chapelle, pour le tout fait & rapporté & communiqué au Procureur général du Roi, être par lui pris telles
conclufions que de raifon, & par la Cour ordonné ce qu'il
appartiendroit : l'Information faite d'office, à la requête
du Procureur général du Roi, par le Confeiller à ce
commis en exécution dudit arrêt, le 2 avril 1762, com-
pofé de quatre témoins, qui, après communication à eux
donnée des Bulles, fentence de fulmination, & Lettres
patentes confirmatives d'icelles, ont tous dépofé unanimement que les fuppreffion & union y portées, ne peuvent
être que très-utiles à la Chapelle de l'École Royale-militaire, pour fubvenir à la fubfiftance des Eccléfiaftiques
chargés de l'éducation fpirituelle des jeunes Gentilshommes
qui y font élevés, & ne peuvent caufer aucun préjudice
à la Manfe conventuelle de l'abbaye de Saint-Jean de
Laon, dont les droits font confervés par lefdites Bulles :
Un acte en forme d'avis des Vicaires généraux de l'évêque
de Laon, du 26 avril 1762, figné par lefdits Vicaires
généraux, contre-figné par le Secrétaire dudit Évêque, &
fcellé du fceau de fes armes, par lequel après avoir pour
l'abfence dudit Évêque, & en exécution de l'arrêt de la
Cour, du 4 février 1762, pris communication defdites
Bulles, de ladite fentence de fulmination, & defdites
Lettres patentes, ils ont déclaré être confentans que
lefdites Lettres, Bulles & fentence de fulmination, foient

regiſtrées en la maniere accoutumée : Un acte du 26 mai 1762, par lequel les Prieur, Religieux & monaſtère de l'abbaye de Saint-Jean de Laon, aſſemblés capitulairement en la maniere accoutumée, après avoir pris communi-tion deſdites Lettres patentes, Bulles du Pape, & ſentence de fulmination, enſemble de l'arrêt de la Cour, du 4 février 1762, ont unanimement déclaré conſentir à l'en-regiſtrement deſdites Lettres patentes, ſous la réſerve des droits par eux ci-devant prétendus contre ladite Abbaye, & revendiqués, ſans le conſentement par eux donné lors de ladite fulmination ; comme auſſi ſous les proteſtations par eux faites & ſignifiées le 30 décembre 1760, contre la priſe de poſſeſſion de la Manſe abbatiale, faite par l'Agent de l'École Royale-militaire, ſous la réſerve pareillement de ſe pourvoir pour former une demande en partage, s'il y a lieu ; & en outre ſous les réſerves particulières de faire valoir leurs droits ſur les pailles & fourrages des dixmes & terrage de Creſſy, à cauſe de l'office clauſtral de la prévôté réuni à leur Manſe conventuelle, ſur la Seigneurie & droits y attachés, ſur une partie de la ville de Laon, à cauſe de l'office clauſtral de la celérerie, auſſi réuni à leur Manſe, de pourſuivre l'entérinement des Lettres de reſciſion par eux obtenues en 1738, contre le traité fait entr'eux & le dernier Titu-laire de ladite Abbaye, & ce conformément à un traité ſubſéquent fait avec ledit Abbé en 1742 ; d'obliger l'École Royale-militaire à contribuer au prorata de ſes droits ſur la commune de Grandelain, à la confection d'un terrier de ladite commune ; de demander à ladite École les répa-rations des égliſes, clochers, lieux réguliers & murs de clôture ; & enfin ſous la condition de la confirmation de leur conſentement par le Supérieur général de la Congrégation de Saint-Maur, ledit acte signé des Capitulans, contre-signé du Secrétaire, & scellé du sceau des armes dudit Chapitre : Autre acte du 8 juin 1762, pareillement signé du Supérieur général de la Congrégation de Saint-Maur, Ordre de Saint-Benoît, contre-signé du Secrétaire, & scellé du sceau des armes de ladite Congrégation, par lequel ledit Supérieur général, de l'avis de ses Assistans, a ratifié le consentement desdits Prieur & Religieux du monastère de Saint-Jean de Laon, à l'enregistrement desdites Lettres patentes : Un état des biens, revenus & charges de ladite Manse abbatiale de Saint-Jean de Laon, signé du Receveur de l'Hôtel de l'École Royale-militaire, certifié véritable par lesdits Surintendant & Intendans dudit Hôtel, le 12 juin 1762, duquel il résulte premièrement, que la Chapelle de l'École Royale-militaire, n'a pas d'autres revenus que ceux de l'abbaye de Saint-Jean de Laon ; secondement, que les revenus de ladite Manse abbatiale montent en totalité à la somme de dix-neuf mille neuf cents quarante-six livres cinq sous ; que la totalité de ses charges monte à celle de quatre mille neuf cents quatre-vingt-dix-neuf livres trois sous, en sorte que le revenu net, non compris les réparations, n'est que de quatorze mille neuf cents quarante-sept livres deux sous ; lequel revenu, diminué par les réparations, pourroit l'être encore par les prétentions des Religieux de cette Abbaye, si elles étoient fondées, contre lesquels lesdits Surintendant & Intendans ont fait toutes protestations contraires à celles insérées, dans l'acte capitulaire du 26 mai 1762, contenant leur consentement à l'enregistrement desdites Lettres patentes ; Conclusions du Procureur général du Roi ; Ouï le rapport de M.' Léonard de Sabuguet, Conseiller ; tout considéré. La Cour ordonne que lesdites Lettres patentes

seront

feront regiſtrées au Greffe de la Cour, pour jouir par les impétrans de leur effet & contenu, & être exécutées ſelon leur forme & teneur, aux charges, clauſes & conditions y portées; & en outre ſous les réſerves mentionnées en l'acte Capitulaire des Prieur & Religieux de l'abbaye de Saint-Jean de Laon, du 26 mai 1762, ſans préjudice néanmoins des proteſtations contraires énoncées au certificat des Surintendant & Intendans de l'École Royale-militaire, du 12 juin 1762. FAIT en Parlement, le quinze juillet mil ſept cent ſoixante-deux. Collationné. *Signé* DE HANSI & DUFRANC.

LETTRES PATENTES DU ROI,

Portant fixation à une ſomme de Douze mille livres, la dotation accordée à la Chapelle de l'École Militaire, par l'extinction du Titre de l'abbaye de Saint-Jean de Laon, & l'union de la Manſe en dépendante, à ladite Chapelle.

Données à Verſailles le 24 Juillet 1766.

Regiſtrées en Parlement le 4 Août audit an.

LOUIS, PAR LA GRÂCE DE DIEU, ROI DE FRANCE ET DE NAVARRE : A nos amés & féaux Conſeillers les Gens tenant notre Cour de Parlement à Paris ; SALUT. Ayant conſenti, pour commencer à pourvoir à la dotation de la Chapelle de notre École Militaire, que le Titre de l'abbaye de Saint-Jean de Laon, Ordre de Saint-Benoît, Congrégation de Saint-Maur, vacante par le décès du feu ſieur de Caylus, évêque d'Auxerre, fût éteint & ſupprimé, & que la Manſe abbatiale, avec tous les droits, domaines, fruits

& revenus en dépendans, fût unie & incorporée à perpétuité à ladite Chapelle ; l'extinction de ce Titre & l'union
par nous consenties, ont été faites par une Bulle de N. S.
Père le Pape, du 31 juillet 1760, fulminée par sentence
de l'Official de Laon, du 30 octobre 1761, & confirmée
par nos Lettres patentes du mois de novembre 1761,
enregistrées en notredite Cour de Parlement le 15 juillet
1762. Après les formalités en tel cas requises & accoutumées, les Prieur, Religieux & Couvent de ladite Abbaye
ayant été appelés dans les instructions faites, tant à
l'officialité de Laon, qu'en notredite Cour, pour parvenir
auxdites extinction & union, ont déclaré qu'ils n'y con-
sentoient que sous la réserve de se pourvoir contre la
lésion qu'ils prétendent avoir soufferte par les partages &
concordats passés entre leur Communauté & les différens
Abbés qui ont été successivement pourvus dudit Titre ;
ils ont même articulé en notredite Cour, par un acte du
20 mai 1762, plusieurs objets de réclamation qui avoient
été suspendus pendant la vie du dernier Abbé, par des
arrangemens faits avec lui, & qui tendent tous à diminuer
les revenus de la Manse abbatiale : l'union n'ayant été
consommée que sous la réserve de cette réclamation, les
Prieur & Religieux ont exposé de nouveau leurs prétentions au Conseil de notre École Royale-militaire, ces
prétentions y ont été respectivement discutées dans différentes conférences ; & sur le compte que nous nous en
sommes fait rendre, nous avons reconnu qu'elles sont
susceptibles de beaucoup de difficultés, & que soit qu'il
fallût procéder à un nouveau partage, ou seulement
réformer ceux qui ont été faits en différens temps, il en
résulteroit des contestations très-longues, & également
préjudiciables à notre École Royale-militaire, & aux

Prieur & Religieux de Saint-Jean de Laon. Ces confidé-
rations nous ont déterminés à remettre entre les mains des
Religieux, tous les biens qui dépendent de la Manfe
abbatiale de Saint-Jean, moyennant une fomme fixe qu'ils
payeront tous les ans à notre École Militaire ; & à affoupir
par ce moyen, toutes conteftations & tous procès entre
deux établiffemens qui en retireront d'autant plus d'avantage, que d'un côté, notre École Militaire ne fera pas
diftraite des foins qu'exige l'adminiftration qui lui eft
confiée par la régie des biens d'une Abbaye éloignée
d'elle, & que de l'autre ces biens pourront être mieux
entretenus par les Religieux intéreffés à leur confervation
& toujours préfens fur les lieux : ce parti d'ailleurs n'offre
rien que de conforme aux règles, l'ufage des partages dans
notre Royaume, n'étant qu'une police temporelle, à
laquelle, dans l'efpèce préfente, nous fommes d'autant
plus en droit de déroger, que l'abbaye de Saint-Jean de
Laon & notre École Militaire, font également de fondation Royale ; à quoi nous avons pourvu par arrêt rendu
en notre Confeil d'État, nous y étant, le 28 juin de la
préfente année, pour l'exécution duquel nous avons
ordonné que toutes Lettres néceffaires feroient expédiées.
A CES CAUSES, après avoir fur ce vu en notredit
Confeil, ledit arrêt du 28 juin dernier, expédition duquel
eft ci-attachée fous le contre-fcel de notre Chancellerie ; de
l'avis de notredit Confeil, & de notre certaine fcience, pleine
puiffance & autorité Royale, Nous avons, conformément
audit arrêt ordonné ; & par ces préfentes fignées de notre
main, ordonnons, voulons & nous plaît ce qui fuit :

ARTICLE PREMIER.

LA dotation que nous avons entendu procurer à l'Hôtel

de notre École Militaire, par l'extinction du Titre de l'abbaye de Saint-Jean de Laon, & l'union de la Manse qui en dépend, à la Chapelle dudit Hôtel, fera & demeurera fixée à perpétuité, à la fomme de Douze mille livres par an.

2.

LADITE fomme de Douze mille livres fera payée de fix mois en fix mois, à compter du 1.er Janvier 1767, au Tréforier dudit Hôtel à Paris, & tiendra lieu à notre École Militaire, de tout ce qu'elle pourroit prétendre en vertu de ladite union, & de tout partage fur les biens & revenus de ladite Manfe; à l'effet de quoi nous avons dérogé & dérogeons, en tant que befoin, à tous règlemens, difpofitions & ufages à ce contraires, même aux dérogations.

3.

LADITE fomme de Douze mille livres fera franche & quitte de toutes charges, de quelque nature qu'elles puiffent être, impofées ou à impofer par quelque titre que ce foit, règlemens de congé, ou autres généralement quelconques, même des décimes, tant ordinaires qu'extraordinaires, fans que, fous prétexte d'augmentation de décimes, de portions congrues, ou autres caufes, telles qu'elles foient, ladite fomme puiffe jamais être diminuée.

4.

AU moyen du payement de ladite fomme de Douze mille livres, par forme de rente ou de penfion annuelle, les Prieur, Religieux & Couvent de l'abbaye de Saint-Jean de Laon, jouiront, à commencer du 1.er Janvier 1767, de tous les biens & revenus de ladite Manfe abbatiale, même de la maifon qui en dépend dans la ville de Laon, & autres bâtimens généralement quelconques, sans que l'Hôtel de notre École Militaire puisse les troubler dans la jouissance desdits biens & la perception desdits revenus, ni prétendre à l'avenir une rente ou pension plus forte, sous prétexte d'augmentation dans lesdits revenus, à quelque somme que ladite augmentation puisse monter.

5.

LESDITS Religieux seront tenus de prendre les bâtimens & les bois de ladite Manse abbatiale, dans l'état où ils sont à présent, & où ils se trouveront au 1.er Janvier 1767, sans pouvoir exercer contre l'Hôtel de notre École Militaire, aucun recours pour raison des dégradations que lesdits bois auroient pu souffrir, ou des réparations qui pourroient être à faire, tant au logis abbatial, que dans les lieux réguliers, fermes, moulins & autres, sans en excepter les églises, dont les réparations sont à la charge de ladite Manse, desquelles réparations lesdits Religieux demeureront seuls chargés, tant pour le passé que pour l'avenir; les autorisant à détruire le logis abbatial, & à réduire les autres bâtimens à ce qui sera nécessaire pour l'exploitation des biens, en observant les formalités en tel cas requises & accoutumées.

6.

LES bois mis en réserve, demeureront affectés auxdites réparations, sans que l'Hôtel de notre École Militaire puisse y rien prétendre à l'avenir, non plus que dans les droits casuels dépendans de ladite Manse abbatiale, lesquels droits appartiendront en entier auxdits Religieux.

7.

LESDITS Religieux se mettront en possession, ledit

654

jour 1.er Janvier 1767, defdits biens & droits généralement quelconques, fans que pour raifon de ladite mife en poffeffion & de la jouiffance defdits biens & droits, ils foient tenus de payer aucun droit d'amortiffement, centième denier, droits de nouveaux acquêts, infinuation ou autres affermés ou non affermés, dont nous les avons, en tant que de befoin, difpenfés & affranchis.

8.

LES baux qui ne feront pas expirés au 1.er Janvier 1767, feront entretenus par lefdits Religieux, & dans le cas contraire, ils garantiront notre École Militaire des demandes en indemnités qui pourroient être formées contr'elle par les Fermiers.

9.

LES nominations, préfentations ou collations de bénéfices dépendans de ladite Manfe abbatiale, continueront d'être réfervées à nous; à l'exception des bénéfices-cures, qui demeureront à la difpofition des Évêques, dans les diocèfes defquels ils font fitués.

10.

LA juftice dans les biens & domaines dépendans de ladite Abbaye, fera déformais rendue au nom de l'Hôtel de notre École Militaire, & defdits Religieux conjointement, lefquels jouiront auffi conjointement avec ledit Hôtel, des droits honorifiques attachés à la dignité abbatiale, fauf l'inftitution des Officiers de juftice, & la nomination des Gardes de la chaffe & des bois, lefquelles feront faites par lefdits Religieux feulement.

11.

AU moyen de ce qui eft ordonné par les préfentes,

tous procès, différends & contestations, seront & demeureront terminés & éteints entre l'Hôtel de notre École Militaire & lesdits Religieux ; & à l'égard de ceux qui pourront intéresser les biens & droits de ladite Abbaye, de quelque espèce qu'ils soient, lesdits Religieux demeureront seuls chargés de les poursuivre à leurs risques, périls & fortune, tant en leur nom qu'en celui dudit Hôtel, contre lequel lesdits Religieux ne pourront néanmoins exercer aucun recours ni exiger aucuns frais. SI VOUS MANDONS que cesdites présentes vous ayez à faire regiftrer, & du contenu en icelles, jouir & user ledit Hôtel de notre École Militaire, ensemble les Prieur & Religieux de l'abbaye de Saint-Jean de Laon, chacun en droit soi, pleinement & paisiblement, cessant & faisant cesser tous troubles & empêchemens, & nonobstant toutes choses à ce contraires. : CAR TEL EST NOTRE PLAISIR. Donné à Versailles le vingt-quatrième jour de juillet, l'an de grâce mil sept cent soixante-six, & de notre règne le cinquante-unième. *Signé* LOUIS. *Et plus bas*, Par le Roi. *Signé* LE DUC DE CHOISEUL. Et scellées du grand sceau de cire jaune.

Regiftrées, ouï, ce requérant le Procureur général du Roi, pour être exécutées selon leur forme & teneur, suivant l'arrêt de ce jour. A Paris, en Parlement, les Grand-Chambre & Tournelle assemblées, le quatre août mil sept cent soixante-six. Signé DUFRANC.

CHAPITRE SEPTIÈME.

Affinage de Paris & de Lyon.

*É*DIT *du Roi, du mois d'août 1757, portant diminution des Droits sur l'affinage des matières d'or & d'argent ; suppression des six offices d'Affineurs des Monnoies de Paris & de Lyon, & création de pareils Offices. —— Lettres patentes du mois de février 1760, confirmatives de donation des six offices d'Affineurs de Paris & de Lyon, & translation de propriété à l'École Royale-militaire. —— Édit du Roi, du mois de décembre 1760, portant suppression, à commencer du 1.ᵉʳ Janvier 1761, du droit de Marque sur chaque marc de lingot destiné à être converti en traits d'argent ; des quatre offices d'Affineurs & Départeurs d'or & d'argent, créés par Édit du mois d'août 1757, pour la ville de Lyon ; & réunion de leurs fonctions à la communauté des maîtres & marchands Tireurs d'or de ladite ville. —— Édit du Roi, du mois de février 1781, qui supprime les deux offices d'Affineurs & Départeurs d'or & d'argent de Paris ; & révoque la réunion faite à la communauté des Tireurs d'or de Lyon, des fonctions & des droits des quatre offices d'Affineurs & Départeurs d'or & d'argent qui avoient été créés pour cette ville, & qui ont été depuis supprimés.*

ÉDIT DU ROI,

Portant diminution des Droits sur l'affinage des matières d'or & d'argent; suppression des six offices d'Affineurs des Monnoies de Paris & de Lyon; & création de pareils Offices.

Donné à Versailles au mois d'Août 1757.

Registré en la Cour des Monnoies le 14 Septembre audit an.

LOUIS, PAR LA GRÂCE DE DIEU, ROI DE FRANCE ET DE NAVARRE : A tous présens & à venir ; SALUT. La police sur la fabrication des Monnoies, marque distinctive de notre souveraine autorité, a mérité des Rois nos Prédécesseurs & de nous une attention particulière ; elle intéresse également le bien de l'État & celui du Public : L'affinage des matières d'or & d'argent, a dans tous les temps été considéré comme une dépendance immédiate du travail des Monnoies ; ce qui a déterminé à ne confier cet art qu'à des officiers départis dans nos Hôtels des Monnoies. Par Édits de 1692 & novembre 1693, il fut établi quatre Offices d'Affineurs & Départeurs pour la ville de Lyon, & deux pour celle de Paris ; ils furent supprimés & remboursés par arrêt de notre Conseil du 9 décembre 1719, & nous en confiames la régie à la Compagnie des Indes. Nos vues étoient dès-lors de modérer les droits établis sur lesdits affinages ; mais cet arrangement n'ayant pas subsisté, le Public n'a pu se ressentir du soulagement dont nous voulions le faire jouir. Par notre Édit du mois de décembre 1721, nous

O o o o

avons déchargé la Compagnie des Indes de la régie des affinages, & rétabli six offices d'Affineurs & Départeurs d'or & d'argent, avec les mêmes droits à eux attribués : ils y furent maintenus de nouveau par notre Édit de création avec augmentation de finance, du mois de mai 1733. Voulant exécuter aujourd'hui ce que nous nous étions anciennement proposé, nous nous sommes déterminés à supprimer tous lesdits Offices, & à en créer de nouveaux en leur place, avec une finance égale, & néanmoins diminution de leurs droits, à la décharge de nos Sujets & à l'avantage du Commerce. A CES CAUSES & autres ; de l'avis de notre Conseil, & de notre certaine science, pleine puissance & autorité royale, Nous avons par le présent Édit perpétuel & irrévocable, dit, statué & ordonné ; disons, statuons, ordonnons, voulons & nous plaît ce qui suit :

ARTICLE PREMIER.

SUPPRIMONS & éteignons les six offices d'Affineurs & Départeurs d'or & d'argent, créés par Édit du mois de mai 1733, pour nos Hôtels des Monnoies de Paris & de Lyon : Voulons que les pourvus desdits Offices s'abstiennent de l'exercice & des fonctions d'iceux, passé le dernier Octobre de la présente année.

2.

LES pourvus desquels Offices supprimés, remettront incessamment leurs titres de propriété & quittances de la finance payée en conséquence de l'Édit de mai 1733, ès mains du sieur Contrôleur général de nos finances, pour être à son rapport procédé en notre Conseil à la liquidation desdites finances, dont lesdits Officiers supprimés seront remboursés par le Garde de notre Trésor royal en exercice, des deniers qui seront par nous à ce destinés.

3.

ET de la même autorité que deſſus, avons créé &
érigé, créons & érigeons ſix Affineurs & Dépar␣teurs
d'or & d'argent, quatre pour la ville de Lyon, & deux
pour celle de Paris, pour y faire ſeuls, à l'excluſion de
tous autres, dans les lieux dépendans de nos Hôtels des
Monnoies de Paris & Lyon, à ce deſtinés, & non ailleurs,
les fontes & départs d'or & d'argent qu'il conviendra, tant
pour le ſervice de nos Monnoies, que pour les Orfévres,
Marchands, Tireurs, Écacheurs & Batteurs d'or &
d'argent, ou autres Ouvriers qui employront leſdites
matières affinées.

4.

NOUS avons fixé la finance de chacun deſdits Offices,
qui ſera payée entre les mains du Tréſorier de nos revenus
caſuels, à la ſomme de Cent dix mille livres, ſans que le
nombre deſdits Offices puiſſe être à l'avenir augmenté, ſous
aucun titre ni prétexte, ni les pourvus tenus de payer aucun
ſupplément de finance, pour quelque cauſe & ſous quelque prétexte que ce puiſſe être. Permettons à ceux qui nous
payeront les finances pour l'acquiſition deſdits Offices,
d'en poſſéder un ou pluſieurs, par une ſeule & même
proviſion, & de les déſunir quand bon leur ſemblera.

5.

VOULONS que ceux qui acquerront leſdits Offices,
en jouiſſent conformément à notre Déclaration du 9 août
1722, portant rétabliſſement du Prêt & Droit anuuel, en
exécution de laquelle leſdits ſix Offices y ont été aſſujettis:
Et les pourvus payeront en nos revenus caſuels le droit à
nous dû ſur le pied de l'évaluation fixée par arrêt du 5

avril 1723, & le marc d'or conformément au tarif du 1.er octobre 1748.

6.

LES Affineurs feront tenus de rendre, au plus tard huit jours après, le même fin qui leur aura été livré, moyennant feize fous par marc d'argent affiné, au lieu de vingt fous; huit livres par marc d'or, au lieu de dix livres; & deux livres feize fous pour le départ de l'or, au lieu de trois livres dix fous, qui leur feront payés en efpèces, & non en matières, par les Marchands & Ouvriers. Voulons que tous droits établis fur lefdits affinages foient réduits d'un cinquième, ainfi que le font ceux ci-deffus mentionnés. Faifons défenfes auxdits Affineurs, fous quelque prétexte & pour quelque opération que ce foit, d'exiger de plus forts droits, à peine de concuffion. Entendons néanmoins qu'ils feront tenus de faire les affinages néceffaires à la fabrication de nos Monnoies au même prix de douze fous par marc d'argent, & de fix livres par marc d'or.

7

LES pourvus defdits Offices feront bourfe commune, & jouiront des mêmes honneurs, priviléges, franchifes, exemptions & immunités dont jouiffent les Officiers de nos Monnoies, & Cours d'icelles.

8.

JOUIRONT au furplus de tous les mêmes & femblables émolumens, honneurs, prérogatives, priviléges, franchifes & immunités, qui ont été accordés auxdits Offices d'Affineurs par Édit de décembre 1721, aux difpofitions duquel lefdits nouveaux Pourvus feront tenus de fe conformer pour l'exercice & fonctions defdits Offices. Voulons que tous les articles dudit Édit foient exécutés en tout leur contenu, ainſi & de même que s'ils étoient rappelés dans le préſent Édit, en ce qui n'y eſt point dérogé.

9.

SERONT tenus les anciens Titulaires, de remettre, dans le 1.ᵉʳ Novembre prochain, aux nouveaux pourvus des Offices créés par le préſent Édit, les lieux & laboratoires où ſe font actuellement les travaux des affinages & départs d'or & d'argent ; à la charge par les nouveaux pourvus de les rembourſer comptant, en un ſeul payement, des frais de rétabliſſement, valeur des plombs, outils, uſtenſiles, & autres choſes néceſſaires pour l'exercice deſdits offices, ainſi que du prix des matières d'or & d'argent dont ils ſe trouveront chargés, ſur le pied dont il ſera convenu entr'eux à l'amiable, ou à dire d'Experts, qui feront nommés d'office par les Commiſſaires des Monnoies ; comme auſſi du prix des lieux qu'ils ont acquis, & conſtructions par eux faites pour l'utilité des travaux, ſur le pied des contrats d'acquiſition des fonds & eſtimation deſdites conſtructions.

10.

S'IL ſurvient quelques conteſtations entre les anciens Propriétaires & les nouveaux Acquéreurs, concernant l'exécution de l'article précédent, nous en attribuons la connoiſſance en première inſtance, & voulons qu'elles ſoient portées en nos Cours des Monnoies de Paris & de Lyon.

11.

LES Acquéreurs pourront emprunter le tout, ou partie des deniers néceſſaires pour le prix deſdits Offices, & feront leur déclaration dans les quittances qui leur en feront délivrées, à l'effet de procurer aux prêteurs un privilége ſpécial.

12.

VOULONS au furplus que les Ordonnances, Édits, Règlemens & Arrêts concernant les affinages, fontes des matières d'or & d'argent, les fonctions des Affineurs, Orfévres, Tireurs, Écacheurs & Batteurs d'or & d'argent, & autres Ouvriers en or & en argent, le titre & façon de leur ouvrage, & règlement de leur art & métier, foient gardés felon leur forme & teneur, en ce qui n'y eft point dérogé par le préfent Édit. SI DONNONS EN MANDEMENT à nos amés & féaux Confeillers les Gens tenant notre Cour des Monnoies à Paris, que notre préfent Édit ils aient à faire regiftrer ; & le contenu en icelui, garder & obferver de point en point felon fa forme & teneur, nonobftant tous Édits, Déclarations, Arrêts, & autres chofes à ce contraires, auxquels nous avons dérogé & dérogeons par le préfent Édit ; aux copies duquel, collationnées par l'un de nos amés & féaux Confeillers-Secrétaires, voulons que foi foit ajoutée comme à l'original : CAR TEL EST NOTRE PLAISIR ; & afin que ce foit chofe ferme & ftable à toujours, nous y avons fait mettre notre fcel. DONNÉ à Verfailles au mois d'août, l'an de grâce mil fept cent cinquante-fept, & de notre règne le quarante - deuxième. *Signé* LOUIS. *Et plus bas*, Par le Roi. *Signé* PHELYPEAUX. *Vifa* LOUIS. Vû au Confeil, PEIRENC DE MORAS. Et fcellé du grand fceau de cire verte, en lacs de foie rouge & verte.

Regiftré en Greffe de la Cour, ouï & ce requérant le Procureur général du Roi, pour être exécuté felon fa forme & teneur, fuivant l'arrêt de ce jour. FAIT en la Cour des Monnoies, les Semeftres affemblés, le quatorze feptembre mil fept cent cinquante - fept. Collationné. Signé BOULAND.

LETTRES PATENTES DU ROI,

Confirmatives de donation des six offices d'Affineurs de Paris & de Lyon, & translation de propriété à l'École Royale-militaire.

Données au mois de Février 1760.

Regiſtrées en la Cour des Monnoies,

LOUIS, PAR LA GRÂCE DE DIEU, ROI DE FRANCE ET DE NAVARRE : A tous préſens & à venir; SALUT. Nous étant fait repréſenter l'acte en forme de donation pure & ſimple, paſſé devant Trutat & ſon confrère, Notaires à Paris, le 31 décembre 1759, entre les Commiſſaires par nous nommés par arrêt de notre Conſeil du 24 dudit mois, & le ſieur Maréchal de Belleiſle, Duc de Giſors, Chevalier de nos Ordres, & de la Toiſon d'or, Miniſtre & Secrétaire d'État au département de la Guerre, par lequel il nous auroit par donation entre-vifs, entr'autres choſes, cédé & tranſporté les ſix offices d'Affineurs & Départeurs d'or & d'argent, créés par notre Édit du mois d'août 1757, enregiſtré où beſoin a été, dont deux ſont établis pour notre bonne ville de Paris, & quatre pour celle de Lyon, tant pour le ſervice de nos Monnoies, que pour les Orfévres, Tireurs, & autres Ouvriers qui emploient les matières affinées; leſquels ſix Offices ont été levés en nos revenus caſuels par ledit ſieur Maréchal de Belleiſle, en vertu de ſix cents ſoixante mille livres de finance par lui payées, ſuivant les déclarations faites par les ſieurs Biétrix & Figuières, pourvus deſdits Offices par nos Lettres-des 12 mai 1758 & 11 avril 1759; pour par nous, jouir, faire & difpofer de la nue propriété defdits Offices, à compter du jour dudit acte, l'ufufruit réfervé audit fieur Maréchal de Belleifle; & aux charges & conditions que les baux du produit defdits Offices feront entretenus, ou les Fermiers indemnifés par nous, fuivant le temps qui reftera à expirer; que le fieur Maréchal de Belleifle s'étant réfervé de difpofer par teftament, donation, ou autre acte qu'il jugera à propos, de vingt-fix mille quatre cents cinquante livres de rentes viagères, elles demeureront affignées fur le produit defdits Offices, & feront payées auxdits Rentiers fans aucune déduction; & à condition enfin qu'à l'extinction de l'ufufruit, le produit defdits Offices, après l'acquittement des vingt-fix mille quatre cents cinquante livres de rentes viagères, fera & appartiendra à l'École Royale-militaire, qui profitera en outre de l'accroiffement, au fur & à mefure de l'extinction des rentes, fi mieux nous n'aimons donner à notre École Militaire quelqu'autre objet d'un égal revenu : Ladite donation acceptée pour nous par les Commiffaires par nous nommés, nous nous fommes déterminés à lui donner dès-à-préfent tout fon effet. A CES CAUSES, defirant par une prompte exécution, donner au fieur Maréchal de Belleifle des preuves de notre fatisfaction des difpofitions portées audit acte, après avoir fait examiner ladite donation ci-attachée fous le contre-fcel de notre Chancellerie, nous avons approuvé, ratifié & confirmé par ces Préfentes fignées de notre main; & de notre grâce fpéciale, pleine puiffance, & autorité royale, approuvons, ratifions & confirmons l'acte de donation du 31 décembre 1759, en toutes les claufes & conditions y contenues, fans jamais y contrevenir directement ni indirectement : Et à

cet

cet effet deſirant répondre, autant qu'il eſt en nous aux vues du ſieur Maréchal de Belleiſle, tendantes au bien public, & à notre gloire, contribuer à l'établiſſement & aux progrès de notre École Militaire, ſi néceſſaire à nos Sujets les plus précieux & les plus utiles à l'État, Nous, de notre même grâce, pleine puiſſance & autorité que deſſus, voulons & nous plaît : Que notre École Royale-militaire jouiſſe à perpétuité, & à titre de propriété, deſdits ſix offices d'Affineurs & Départeurs d'or & d'argent, tant de Paris que de Lyon, conformément à notre Édit de création du mois d'août 1757, à laquelle nous en faiſons don, en tant que de beſoin, aux conditions portées en ladite donation, que nous voulons être exécutée en ſon entier ; nous réſervant néanmoins la faculté de rentrer dans la propriété deſdits Offices, en fourniſſant à notre École Militaire d'autres effets du même produit. SI DONNONS EN MANDEMENT à nos amés & féaux Conſeillers les Gens tenant nos Cours des Monnoies de Paris & de Lyon, que ces Préſentes ils aient à faire regiſtrer, & le contenu en icelles garder & obſerver, & exécuter ſelon leur forme & teneur ; CAR TEL EST NOTRE PLAISIR ; & afin que ce ſoit choſe ferme & ſtable à toujours, nous avons fait mettre notre ſcel à ceſdites Préſentes. DONNÉ à Verſailles au mois de février, l'an de grâce mil ſept cent ſoixante, & de notre règne le quarante-cinquième. *Signé* LOUIS. *Et plus bas*, Par le Roi. *Signé* BERRYER. *Viſa* LOUIS. Vû au Conſeil, BERTIN. Et ſcellées du grand ſceau de cire verte, en lacs de ſoie rouge & verte.

Enregiſtrées au Greffe de la Cour, où & ce requérant le Procureur général du Roi, pour être exécutées ſelon leur forme & teneur ; & jouir par l'École Royale-militaire, conformément à icelles, ſuivant l'arrêt de ce jour. FAIT en la Cour des Monnoies, les Semeſtres assemblés, le huitième jour de mars mil sept cent soixante. Signé GUEUDRE.

Regiftrées ès regiftres de la Cour des Monnoies de Lyon, oui & ce requérant le Procureur général du Roi, pour être lefdites Lettres exécutées felon leur forme & teneur; & jouir par l'École Royale-militaire, conformément à icelles, fuivant l'arrêt de ce jour. FAIT à Lyon, en la Cour des Monnoies, le fix mai mil sept cent soixante. Signé DELHORME.

Collationné à l'original dépofé aux Archives de l'Hôtel de l'École Royale-militaire, par nous Secrétaire du Confeil, Garde des Archives dudit Hôtel. Signé DARGET.

ÉDIT DU ROI,

Portant fuppreffion, à commencer du 1.ᵉʳ Janvier 1761, du droit de Marque fur chaque marc de lingot, deftiné à être converti en traits d'argent:

Des quatre offices d'Affineurs & Départeurs d'or & d'argent, créés par édit du mois d'août 1757, pour la ville de Lyon: Et réunion de leurs fonctions à la communauté des maîtres & marchands Tireurs d'or de ladite Ville.

Donné à Verfailles au mois de Décembre 1760.

Regiftré en la Cour des Monnoies de Lyon, le 31 des mêmes mois & an.

LOUIS, PAR LA GRÂCE DE DIEU, ROI DE FRANCE ET DE NAVARRE: A tous préfens & à venir; SALUT. Le commerce des galons d'or & d'argent fabriqués dans notre royaume, & celui des étoffes enrichies de ces matières, a mérité de nos Prédéceffeurs & de nous, la protection constante que nous lui avons toujours accordée. Ce fut dans les vues de favoriser ce commerce, que le feu Roi, de glorieuse mémoire, notre très-honoré Seigneur & bisaïeul, ordonna par son arrêt du 22 janvier 1678, une modération des droits de Marque imposés sur l'or & l'argent fabriqués par les Batteurs & Tireurs d'or, suivant la Déclaration du 7 avril 1672; & qu'en exécution de cet arrêt, le bail de Charrière de 1687, article 25, & les baux subséquens jusqu'à ce jour, ont été passés à la charge de cette modération; dérogeant au titre II de l'Ordonnance du mois de juillet 1681, qui fixe les droits de Marque sur l'or & sur l'argent. C'est dans cet esprit, & pour donner au commerce de dorure un nouvel encouragement, que la Déclaration du 25 octobre 1689, article 22, portant règlement pour l'affinage des matières d'or & d'argent, affranchit & exempte de tous droits d'entrée, traites foraines, douane de Lyon, de Valence, & généralement de tous autres droits & octrois des Villes, les matières d'or & d'argent, afin d'en conserver l'abondance & d'en augmenter le commerce. Dans les mêmes vues, nous avons, par notre Déclaration du 7 octobre 1755, permis le commerce libre & la fonte des matières d'or & d'argent dans notre Royaume; & par notre Édit donné au mois d'août 1757, nous avons diminué d'un cinquième les droits sur l'affinage des matières d'or & d'argent. Nous avons aussi écouté favorablement les représentations qui nous ont été faites par les Négocians des villes de Paris & de Lyon, sur la liberté du commerce qu'il seroit à propos d'établir entre les Sujets de notre Couronne & ceux de la principauté de Dombes, pour les traits d'argent seulement de ladite Principauté; & par notre arrêt du 30 novembre de cette année, nous avons permis l'entrée defdits traits d'argent feulement de la principauté de Dombes dans notre Royaume, en payant fur iceux un droit de dix fous par marc. Mais la difproportion du prix de ces traits, avec ceux des Fabriques de notre Royaume, occafionnée par le droit de Marque que la néceffité a fait impofer fur ces derniers, mettant un obftacle au progrès des Manufactures d'or & d'argent, nous avons penfé que le moyen de les rétablir, feroit de fupprimer ce droit fur les traits d'argent, en attendant qu'une paix folide & durable nous mette en état de faire des facrifices encore plus confidérables à l'avantage du commerce de nos Sujets : comme auffi de fupprimer les offices d'Affineurs des matières d'or & d'argent, créés pour la ville de Lyon ; & d'attribuer les fonctions defdits Offices à la communauté des Maîtres & Marchands Tireurs d'or de ladite ville, aux conditions énoncées dans les Édits & Déclarations, portant règlement pour l'affinage des matières d'or & d'argent, & en payant aux propriétaires defdits Offices, *une rente du même produit, conformément à la faculté que nous nous en fommes réfervée par nos Lettres patentes du mois de février de la préfente année.* A CES CAUSES, & autres à ce nous mouvant ; de l'avis de notre Confeil, & de notre certaine fcience, pleine puiffance & autorité royale, Nous avons, par le préfent Édit perpétuel & irrévocable, dit, ftatué & ordonné ; difons, ftatuons & ordonnons, voulons & nous plaît ce qui fuit :

ARTICLE PREMIER.

NOUS avons fupprimé & fupprimons, à commencer du 1.er Janvier 1761, le droit de Marque qui fe perçoit à notre profit aux argues de Paris & de Lyon, fur chaque marc de lingot deſtiné à être converti en traits d'argent : Faiſons défenſes aux Commis & Prépoſés à la perception deſdits droits, de les percevoir, à compter dudit jour 1.er Janvier 1761.

2.

N'ENTENDONS être compris en l'article ci-deſſus, le droit de Marque qui ſe perçoit ſur les lingots deſtinés à être convertis en traits dorés, lequel continuera d'être payé comme ci-devant.

3.

VOULONS que les lingots deſtinés à être convertis en traits d'argent, ſoient marqués par les Affineurs, d'un poinçon diſtinct de celui dont ils ſe ſerviront pour les lingots deſtinés à être convertis en traits dorés ; & qu'à la ſuite dudit poinçon ils ſoient tenus de marquer chacune de ces deux eſpèces de lingots par des numéros diſtincts , qui ſeront de ſuite pour chaque eſpèce, & recommencés par chacune année.

4.

VOULONS auſſi que les lingots deſtinés à être convertis en traits d'argent, quoique non aſſujettis au droit de Marque, ſoient également portés comme ceux deſtinés à être convertis en traits dorés, aux forges & argues accoutumées, pour y être forgés & dégroſſis, en payant les façons au prix ordinaire, que nous défendons d'augmenter pour quelque cauſe & occaſion que ce ſoit ; le tout conformément à l'article 14 de l'Ordonnance du mois de juillet 1781.

5.

AVONS éteint & ſupprimé, éteignons & ſupprimons

les quatre offices d'Affineurs & Départeurs d'or & d'argent, créés par Édit du mois d'août 1757, pour la ville de Lyon ; voulons que les fonctions attribuées auxdits Offices, soient & demeurent réunies à ladite communauté des maîtres & marchands Tireurs d'or de la ville de Lyon, pour être dorénavant par eux exercées, exclusivement à tous autres, en se conformant aux Édits, Déclarations & Règlemens concernant l'affinage des matières d'or & d'argent; & nommément à l'article 6 de l'Édit du mois d'août 1757, qui fixe les droits d'affinage, à seize sous par marc d'argent affiné; à huit livres par marc d'or, & à deux livres seize sous par marc pour le départ de l'or : lesquels droits leur seront payés en espèces, & non en matière, par les Marchands & Ouvriers ; & à la charge par ladite Communauté, ainsi qu'elle s'y est soumise par acte passé le 25 novembre de la présente année, devant Lhéritier & son confrère, Notaires au Châtelet de Paris, de payer, à commencer du 1.ᵉʳ mai 1768, aux anciens Propriétaires desdits Offices supprimés, une rente annuelle de quarante mille livres; ladite rente franche & exempte de toutes impositions présentes & à venir, & remboursable de la somme de huit cents mille livres; à la garantie & payement de laquelle rente, lesdits droits seront spécialement & par privilége affectés; & en outre, tous les biens présens & à venir de ladite Communauté y demeureront obligés & hypothéqués : nous réservant néanmoins la faculté de rentrer dans la jouissance du privilége & des droits attribués aux Offices supprimés & réunis par le présent Édit à ladite communauté des Tireurs d'or, en fournissant aux anciens propriétaires desdits Offices, à la décharge de ladite Communauté, des effets du même produit que ladite rente ou capital d'icelle. Ordonnons au furplus, que les Édits, Déclarations & Règlemens fur le fait des affinages & de la marque des matières d'or & d'argent, auxquels il n'eft dérogé par le préfent Édit, continueront d'être gardés & obfervés fuivant leur forme & teneur. SI DONNONS EN MANDEMENT à nos amés & féaux les Gens tenant notre Cour des Monnoies à Lyon, que le préfent Édit ils aient à faire lire, publier & regiftrer; & le contenu en icelui garder, obferver & exécuter de point en point felon fa forme & teneur, nonobftant tous Édits, Déclarations, Arrêts & autres chofes à ce contraires, auxquels nous avons dérogé & dérogeons par le préfent Édit; aux copies duquel, collationnées par l'un de nos amés & féaux Confeillers-Secrétaires, voulons que foi foit ajoutée comme à l'original : CAR TEL EST NOTRE PLAISIR ; & afin que ce foit chofe ferme & ftable à toujours, nous y avons fait mettre notre fcel. DONNÉ à Verfailles au mois de décembre, l'an de grâce mil fept cent foixante, & de notre règne le quarante-fixième. *Signé* LOUIS. *Et plus bas*, Par le Roi. *Signé* PHELYPEAUX. *Vifa* LOUIS. Vû au Confeil, BERTIN. Et fcellé du grand fceau de cire verte, en lacs de foie rouge & verte.

Regiftré, ce requérant le Procureur général du Roi, pour être exécuté felon fa forme & teneur, fuivant l'arrêt de ce jour. FAIT à Lyon en la Cour des Monnoies, le trente-un décembre mil fept cent foixante. Signé MAGNIER, commis à cet effet, en l'abfence du Greffier de la Cour.

ÉDIT DU ROI,

Qui supprime les deux offices d'Affineurs & Départeurs d'or & d'argent de Paris ; & révoque la réunion faite à la communauté des Tireurs d'or de Lyon, des fonctions & des droits des quatre offices d'Affineurs & Départeurs d'or & d'argent qui avoient été créés pour cette ville, & qui ont été depuis supprimés.

Donné à Versailles au mois de Février 1781.

Registré en la Cour des Monnoies le 10 Mars audit an.

LOUIS, PAR LA GRÂCE DE DIEU, ROI DE FRANCE ET DE NAVARRE : A tous présens & à venir ; SALUT. Par Lettres patentes du mois de février 1760, le feu Roi notre très-honoré Seigneur & Aïeul a approuvé & ratifié la donation qui lui avoit été faite par le Maréchal de Belleisle, des six offices d'Affineurs & Départeurs d'or & d'argent, dont deux étoient établis pour la ville de Paris, & quatre pour celle de Lyon, levés en nos Revenus casuels par ledit sieur Maréchal de Belleisle, moyennant Six cents soixante mille livres par lui payées pour la finance desdits six Offices, suivant la fixation qui en avoit été faite par l'Édit du mois d'août 1757 : & par les mêmes Lettres patentes, le feu Roi a fait don. à l'École Militaire desdits six offices, pour en jouir par ladite École à perpétuité & à titre de propriété, en se réservant néanmoins la faculté de rentrer dans la propriété desdits Offices, en fournissant à l'École Militaire d'autres effets du même produit.

Par

Par Édit du mois de décembre 1760, le feu Roi a supprimé les quatre Offices créés pour la ville de Lyon, & réuni leurs fonctions à la communauté des Tireurs d'or de ladite ville ; à la charge par ladite Communauté, de payer à l'École militaire une rente de quarante mille livres ; se réservant Sa Majesté la faculté de rentrer dans la jouissance du privilége & des droits attribués auxdits Offices supprimés, en fournissant à l'École militaire, à la décharge de la communauté des Tireurs d'or, des Effets du même produit que ladite rente.

Nous avons pensé qu'il étoit d'un meilleur ordre que les fonctions desdits Offices fussent exercées par des personnes choisies immédiatement par nous, & que les droits qui en résultent fussent perçus directement en notre nom par des Fermiers ou Régisseurs, à notre choix : En conséquence, nous nous sommes déterminés à supprimer les deux offices d'Affineurs & Départeurs d'or & d'argent, existans pour la ville de Paris, & à rentrer dans la jouissance des fonctions & des droits des Affineurs & Départeurs d'or & d'argent de la ville de Lyon, réunis à la communauté des Tireurs d'or de ladite ville, sauf à nous à pourvoir à l'indemnité dûe à l'École militaire.

A CES CAUSES, & autres à ce nous mouvant ; de l'avis de notre Conseil, & de notre certaine science, pleine puissance & autorité royale, Nous avons par le présent Édit, dit, statué & ordonné ; disons, statuons & ordonnons, voulons & nous plaît ce qui suit :

ARTICLE PREMIER.

NOUS avons supprimé & supprimons, à compter dudit jour de l'enregistrement de notre présent Édit, les deux offices d'Affineurs & Départeurs d'or &

d'argent, créés pour la ville de Paris, par Édit du mois d'août 1757.

2.

NOUS avons révoqué & révoquons, à compter du même jour, la réunion faite par Édit du mois de décembre 1760, à la communauté des Maîtres & Marchands Tireurs d'or de la ville de Lyon, des fonctions & des droits des quatre offices d'Affineurs & Départeurs d'or & d'argent, qui avoient été créés pour ladite ville par ledit Édit d'août 1757. Voulons que ladite communauté paye en notre Trésor royal, à compter dudit jour, la rente de quarante mille livres qu'elle s'étoit soumise de payer à l'École militaire, & que les Fermiers de l'affinage de Paris, payent, à compter du même jour, en notredit Trésor royal, le prix du bail qui leur a été passé desdits droits par l'Administration de ladite École militaire.

3.

L'ADMINISTRATION de l'École Royale-militaire, propriétaire desdits deux offices d'Affineurs de la ville de Paris, & de la rente sur la communauté des Tireurs d'or de la ville de Lyon, sera tenue de remettre incessamment en notre Conseil ses quittances de finance & autres titres de propriété, pour être procédé à la liquidation des indemnités à elle dûes, & pourvu à leur remboursement, ainsi qu'il appartiendra.

4.

VOULONS au surplus que les Ordonnances, Édits, Règlemens & Arrêts concernant les affinages, fontes & marques des matières d'or & d'argent; les fonctions des Affineurs, Orfévres, Tireurs, Échangeurs, Batteurs d'or & d'argent, & autres Ouvriers; le titre & façon de leurs ouvrages, foient gardés & obfervés felon leur forme & teneur. SI DONNONS EN MANDEMENT à nos amés & féaux Confeillers les Gens tenant notre Cour des Monnoies à Paris, que le préfent Édit ils aient à faire lire, publier & regiftrer; & le contenu en icelui garder, obferver & exécuter de point en point felon fa forme & teneur, nonobftant tous Édits, Déclarations, Arrêts & autres chofes à ce contraires, auxquels nous avons dérogé & dérogeons par le préfent Édit : CAR TEL EST NOTRE PLAISIR; & afin que ce foit chofe ferme & ftable à toujours, nous y avons fait mettre notre fcel. DONNÉ à Verfailles au mois de février, l'an de grâce mil fept cent quatre-vingt-un, & de notre règne le feptième. Signé LOUIS. Et plus bas, Par le Roi. Signé SEGUR. Vifa HUE DE MIROMÉNIL. Vu au Confeil, PHELYPEAUX. Et fcellé du grand fceau de cire verte, en lacs de foie rouge & verte.

Regiftré, ouï, ce requérant le Procureur général du Roi, pour être exécuté felon fa forme & teneur; & copies collationnées d'icelui, envoyées aux Siéges des Monnoies, pour y être lû, publié & regiftré : Enjoint aux Subftituts du Procureur général du Roi efdits Siéges, d'y tenir la main, & d'en certifier la Cour au mois, fuivant l'arrêt de ce jour. FAIT en la Cour des Monnoies, le dixième jour de mars mil fept cent quatre-vingt-un. Signé GUEUDRÉ.

Collationné par nous Écuyer, Greffier en chef de la Cour des Monnoies, Secrétaire du Roi, Maifon & Couronne de France.

CHAPITRE HUITIÈME.

ARRÊT
DU CONSEIL D'ETAT DU ROI,

Qui attribue Deux deniers pour livre à l'École Royale-Militaire, sur le montant des dépenses des marchés concernant la subsistance, l'entretien & le service tant des Troupes de Sa Majesté, que de ses Places.

Du 25 Août 1760.

Extrait des Registres du Conseil d'Éa.

LE ROI s'étant fait rendre compte des revenus & des dépenses de l'Hôtel de son École Militaire, Sa Majesté a reconnu que cet établissement avoit d'autant plus besoin de nouveaux secours de sa part, que le produit du droit sur les Cartes, qui compose sa première dotation, est considérablement diminué depuis la guerre. De tous les moyens qui ont été proposés pour dédommager son École Militaire du vide que les circonstances apportent dans ses revenus, il n'en est pas qui répondent mieux à l'intention où est constamment Sa Majesté, de n'en employer aucun qui soit onéreux à ses peuples, que celui d'attribuer à l'Hôtel de son École Militaire, deux deniers pour livre de la dépense à laquelle se trouveront monter tous les marchés concernant la subsistance, l'entretien & le service, tant de ses Troupes que de ses Places. A quoi desirant pourvoir : Ouï le rapport ; SA MAJESTÉ ÉTANT EN SON CONSEIL, a ordonné & ordonne : Que par les Tréforiers généraux de l'ordinaire & de l'extraordinaire des guerres, de même que par les Tréforiers généraux de l'Artillerie & du Génie, chacun dans leur exercice, il fera dorénavant & à compter de l'exercice de la préfente année, retenu en leurs mains, fur les dépenfes des marchés concernant la fubfiftance, l'entretien & le fervice, tant des Troupes de Sa Majefté que de fes Places ; qu'il leur fera ordonné d'acquitter deux deniers pour livre fur le montant defdites dépenfes, fans en excepter même les parties qui tombent en retenues fur la folde des Troupes, & qui pourroient n'être pas fujettes aux quatre deniers pour livre, tant des Invalides, que des gratifications militaires, pour être les fommes de deniers qui proviendront de la retenue defdits deux deniers pour livre, par eux remifes au Tréforier de l'Hôtel de fon École Militaire, fur fes fimples quittances ; quoi faifant, ils en feront bien & valablement déchargés envers ledit Hôtel, que Sa Majefté autorife d'ailleurs à faire contre lefdits Tréforiers toutes les diligences néceffaires pour affurer ladite retenue ; à l'effet de quoi Sa Majefté a réfervé à fa Perfonne & à fon Confeil, la connoiffance des conteftations qui pourroient naître à l'occafion de ladite retenue, circonftances & dépendances ; N'entend toutefois Sa Majefté, que la retenue ordonnée par le préfent arrêt, puiffe avoir un effet rétroactif par rapport aux marchés de l'exercice de la préfente année, qui fe trouveroient entièrement foldés au jour & date du préfent arrêt. FAIT au Confeil d'État du Roi, Sa Majefté y étant, tenu à Verfailles le vingt-cinq août mil fept cent foixante. *Signé* LE MARÉCHAL DUC DE BELLEISLE.

CHAPITRE NEUVIÈME.

Emprunts.

Arrêt du Conseil d'État du Roi, du 20 mars 1751, qui autorise l'Hôtel de l'École Royale-militaire à faire un Emprunt de Deux millions de livres remboursable en quinze années. — Arrêt du Conseil d'État du Roi, du 7 février 1756, qui permet à l'Hôtel de l'École Royale-militaire, de continuer jusqu'à la concurrence de Cinq cents mille livres, l'Emprunt qu'il a été autorisé de faire par arrêt du 20 mars 1751. — Édit du Roi, du mois d'août 1760, portant création d'un office de Trésorier de l'Hôtel de l'École Royale-militaire. — Provisions de la charge de Trésorier général de l'Hôtel de l'École Royale-militaire pour le sieur Gaëtan-Lambert Dupont. — Lettres patentes, du 10 août 1776, pour le rétablissement du Trésorier de l'École Royale-militaire. — Édit du Roi, du mois de février 1778, registré au Parlement le 24 des mêmes mois & an, portant création d'un office de Commissaire des Guerres, près & à la suite de la Compagnie des Cadets-gentilshommes de l'Hôtel de l'École Royale-militaire.

ARRÊT
DU CONSEIL D'ÉTAT DU ROI,

Qui autorise l'Hôtel de l'École Royale-militaire, à faire un Emprunt de la somme de Deux millions de livres, remboursable en quinze années.

Du 20 Mars 1751.

Extrait des Registres du Conseil d'État.

SUR ce qui a été représenté au Roi, étant en son Conseil, que le terrein propre à construire l'Hôtel de l'École Royale-militaire, créée par Édit du mois de janvier dernier, a été choisi & tracé : Que les plans des bâtimens qui doivent y être élevés, ont été dressés & agréés par Sa Majesté, & qu'enfin, il a été pris des mesures pour commencer à rassembler les matériaux nécessaires pour jeter les fondemens de cet édifice, & parvenir à la formation d'un établissement si utile : mais que la rentrée des premiers fonds destinés, tant pour l'acquisition du terrein, que pour la construction des bâtimens, ne pouvant être assez prompte pour remplir aussi-tôt qu'il est desirable, l'objet des dépenses actuellement nécessaires, il seroit très-convenable d'autoriser ledit Hôtel de l'École Royale-militaire, à faire un Emprunt dans le Public, de la somme de deux millions de livres, remboursable en quinze années, en deniers comptans : & auquel Emprunt, jusqu'à son entier remboursement, le produit annuel des droits établis sur les Cartes à jouer, abandonné audit Hôtel pour première dotation, par l'article XI de son établissement, demeurera, par privilége & préférence, affecté. Vu le plan dudit Emprunt : Oui le rapport ; SA MAJESTÉ ÉTANT EN SON CONSEIL, a permis & permet à l'Hôtel de l'École Royale-militaire, d'emprunter dans le Public, suivant le plan dudit Emprunt qui demeurera joint & annexé au présent arrêt, la somme de Deux millions de livres en deniers comptans, & d'affecter audit Emprunt, jusqu'à son entier remboursement, par privilége & préférence, le produit annuel des droits sur les Cartes à jouer, formant sa première dotation ; à la charge de rembourser ledit Emprunt dans le cours de quinze années, à compter du jour qu'il sera ouvert, & sous les autres conditions contenues audit plan, que Sa Majesté veut être exécuté selon sa forme & teneur. FAIT au Conseil d'État du Roi, Sa Majesté y étant, tenu à Versailles le vingt mars mil sept cent cinquante-un. *Signé* M. P. DE VOYER D'ARGENSON.

PLAN d'un Emprunt à faire par l'Hôtel de l'École Royale-militaire, pour fournir aux premières dépenses de son établissement.

IL sera de la somme de Deux millions de livres, remboursable en quinze années, à compter du jour qu'il sera ouvert, à raison de cent mille livres pendant chacune des cinq premières années, & de cent cinquante mille livres pendant chacune des dix dernières années.

Il en sera payé aux prêteurs, l'intérêt à Cinq pour cent par an, à compter du jour de la remise de leurs deniers.

Il en sera délivré aux prêteurs, des billets au porteur,
suivant

fuivant le modèle ci-joint, qui feront fignés par le Tréforier de l'Hôtel, & timbrés.

Il fera imprimé, en la forme du modèle, un nombre
fuffifant de regiftres ou talons defdits billets, qui feront
numérotés depuis & compris numéro 1.er jufqu'à celui du
dernier billet qui fera délivré.

L'intérêt de ces billets fera payé aux prêteurs, au
moyen des coupons dont lefdits billets feront garnis pour
autant d'années qu'ils doivent fubfifter, jufqu'à leur rembourfement, fuivant la table ci-jointe; & ces coupons
feront chacun du montant de l'intérêt pendant une année,
du capital de chaque billet.

Les billets dont le rembourfement fera fait dans le
cours des huit premières années de la durée de l'Emprunt,
feront garnis d'autant de coupons qu'ils devront en avoir
jufqu'à leur rembourfement, & ne feront point fujets à
être renouvelés ; mais ceux dont le rembourfement ne
fera fait que dans le cours des fept premières années
dudit Emprunt, feront, dans la neuvième année, renouvelés pour autant de temps qui reftera à échoir jufqu'à
leur rembourfement.

Les coupons feront fignés, pour les huit premières
années, par les fieurs Chevillard, Beniquet, Bernard,
Bichet, Regnault, du Coin, du Bofc, & Cahoüet; &
à leur renouvellement, par ceux qui feront lors à ce
prépofés.

Ils feront de même date & de même numéro du billet,
& feront exactement payés dans les dix jours qui fuivront
l'année révolue de leur date.

Le rembourfement des billets fera exactement fait dans
les dix jours qui fuivront l'échéance de chacun d'iceux.

Le payement des coupons & le rembourfement des

R r r r

billets, feront faits par le Tréforier de l'Hôtel, en deniers comptans, fans aucune déduction ni retenue, de quelque efpèce que ce puiffe être, nonobftant ce qui pourroit être ci-après ordonné de contraire.

Les deniers provenans de l'Emprunt, feront employés au payement du prix de l'acquifition du terrein fur lequel l'Hôtel fera bâti; & fubfidiairement au payement, jufqu'à concurrence, des Entrepreneurs pour la conftruction de l'Hôtel.

Ledit Emprunt fera affecté, jufqu'à fon entier rembourfement, tant en principal qu'intérêts, par privilége & préférence, fur les droits établis fur les Cartes à jouer, & abandonnés pour première dotation de l'Hôtel, par l'article XI de l'Édit de fon établiffement.

Le Tréforier dudit Hôtel fera recette au profit d'icelui, du montant dudit Emprunt, dans fes comptes; & il tiendra de plus un regiftre qui fera préalablement paraphé par premier & dernier feuillet, par l'Intendant dudit Hôtel; dans lequel regiftre il enregiftrera, jour par jour, de fuite & fans aucun blanc, les billets qu'il délivrera pour raifon dudit Emprunt : fera ledit regiftre clos par l'Intendant de l'Hôtel, après la délivrance du dernier billet, & il en fera fait mention fur le dernier talon enfuite du dernier billet délivré.

TABLE d'un Emprunt de Deux millions de livres, remboursable en quinze ans, avec les intérêts à Cinq pour cent.

ANNÉES.	CAPITAL.	INTÉRÊTS.	SOMMES des REMBOURSEMENS.	TOTAUX.
1.re	2000000th ...100000...	100000th	...100000th	...200000th
2.^e	1900000 ...100000...	...95000.	...100000...	...195000.
3.^e	1800000 ...100000...	...90000.	...100000...	...190000.
4.^e	1700000 ...100000...	...85000.	...100000...	...185000.
5.^e	1600000 ...100000...	...80000.	...100000...	...180000.
6.^e	1500000 ...150000...	...75000.	...150000...	...225000.
7.^e	1350000 ...150000...	...67500.	...150000...	...217500.
8.^e	1200000 ...150000...	...60000.	...150000...	...210000.
9.^e	1050000 ...150000...	...52500.	...150000...	...202500.
10.^e	900000 ...150000...	...45000.	...150000...	...195000.
11.^e	750000 ...150000...	...37500.	...150000...	...187500.
12.^e	600000 ...150000...	...30000.	...150000...	...180000.
13.^e	450000 ...150000...	...22500.	...150000...	...172500.
14.^e	300000 ...150000...	...15000.	...150000...	...165000.
15.^e	150000 ...150000...	... 7500.	...150000...	...157500.
		562500th	2000000th	2562500th

Rrrr ij

Billet d'Emprunt de l'Hôtel de l'École Royale-militaire.

N.°

Année 175

N.°

Année 175

N.°

Année 175

N.°

Année 175

N.°

Année 175

N.°

Année 175

N.°

Année 175

N.°

Année 179

N.°

Année 175

N.°   Timbre.   Année 175

LE PORTEUR recevra du Trésorier de l'Hôtel de l'École Royale-militaire la somme de

le

A Paris, le

N.°   Timbre.   Année 175

LE PORTEUR recevra du Trésorier de l'Hôtel de l'École Royale-militaire la somme de

le

A Paris, le

N.°   Timbre.   Année 175

LE PORTEUR recevra du Trésorier de l'Hôtel de l'École Royale-militaire la somme de

le

A Paris, le

N.°   Timbre.   Année 175

LE PORTEUR recevra du Trésorier de l'Hôtel de l'École Royale-militaire la somme de

le

A Paris, le

N.°   Timbre.   Année 175

LE PORTEUR recevra du Trésorier de l'Hôtel de l'École Royale-militaire la somme de

le

A Paris, le

N.°   Timbre.   Année 175

LE PORTEUR recevra du Trésorier de l'Hôtel de l'École Royale-militaire la somme de

le

A Paris, le

N.°   Timbre.   Année 175

LE PORTEUR recevra du Trésorier de l'Hôtel de l'École Royale-militaire la somme de

le

A Paris, le

N.°   Timbre.   Année 175

LE PORTEUR recevra du Trésorier de l'Hôtel de l'École Royale-militaire la somme de

le

A Paris, le

N.°   Timbre.   Année 175

BILLET de la somme de

qui sera payé au Porteur, le mil sept cinquante en deniers comptans, par le Trésorier de l'Hôtel de l'École Royale-militaire, A Paris, le

Pour ladite

ARRÊT

DU CONSEIL D'ETAT DU ROI,

Qui permet à l'Hôtel de l'École Royale - militaire , de continuer jusqu'à la concurrence de la somme de Cinq cents mille livres, l'Emprunt qu'il a été autorisé de faire par arrêt du Conseil du 20 mars 1751.

Du 7 Février 1756.

Extrait des Regiſtres du Conseil d'État.

VU par le Roi, étant en son Conseil, l'état de l'Emprunt auquel Sa Majeſté a autorisé l'Hôtel de son École Militaire , par arrêt rendu en son Conseil le 20 mars 1751 ; duquel état il résulte que des deux millions de livres auxquels ledit Emprunt devoit être porté , il n'a été réellement emprunté que la somme de dix - neuf cents mille livres , attendu que les prêteurs ayant toujours desiré les échéances de remboursement les plus éloignées , celle qui tomboit en 1752 , qui étoit la plus prochaine, n'a pu être remplie ; que ladite somme de dix-neuf cents mille livres a été non-seulement employée, conformément audit arrêt , aux acquiſitions faites dans la plaine de Grenelle, & subſidiairement aux dépenses de la conſtruction ; mais encore que ledit Hôtel y a appliqué d'autres fonds qui lui seroient néceſſaires actuellement pour pourvoir à l'ameublement des bâtimens conſtruits à Grenelle, & aux autres dépenses relatives à cet établiſſement : Que d'ailleurs il a été remboursé jusqu'à préſent au Public, sur ledit Emprunt, une fomme de quatre cents mille livres ; de forte que les capitaux en font réduits à celle de quinze cents mille livres : Que dans cet état il conviendroit, pour accélérer ledit établiffement, que l'Hôtel de l'École Militaire fût autorifé par Sa Majefté à continuer ledit Emprunt jufqu'à la concurrence d'une fomme de cinq cents mille livres, dont il feroit délivré des billets à la fuite de l'ordre de numéro des premiers, & dont les capitaux feroient rembourfables dans les années 1767, 1768, 1769, 1770 & 1771, à raifon de cent mille livres par chacune defdites années, en en payant annuellement l'intérêt aux prêteurs, fur le pied de Cinq pour cent, fans aucune retenue, conformément au plan annexé audit arrêt du 20 mars 1751. Et Sa Majefté voulant de plus en plus favorifer fon École Militaire, & en faciliter l'établiffement : Oui le rapport ; SA MAJESTÉ ÉTANT EN SON CONSEIL, a permis & permet à l'Hôtel de fon École Militaire, de continuer jufqu'à la concurrence de la fomme de cinq cents mille livres, l'Emprunt qu'il a été autorifé de faire par arrêt du Confeil du 20 mars 1751, fuivant & conformément au plan annexé audit arrêt; à l'effet de quoi les billets qui feront délivrés pour ladite fomme de cinq cents mille livres, feront expédiés à la fuite de l'ordre de numéro des premiers. Veut Sa Majefté que ladite fomme de cinq cents mille livres, foit rembourfée aux prêteurs dans les années 1767, 1768, 1769, 1770 & 1771, à raifon de cent mille livres par chacune defdites années ; que les intérêts leur en foient payés, fans aucune retenue, fur le pied de Cinq pour cent par an, jufqu'au rembourfement, & qu'ils jouiffent des intérêts du quartier dans lequel ils remettront leurs fonds, ainfi qu'il en a été ufé par rapport aux dix-neuf cents mille livres empruntées en 1751 & 1752. Et sera au surplus l'arrêt du Conseil du 20 mars 1751, exécuté, tant par rapport à la signature & au renouvellement des billets & des coupons, qu'en ce qui concerne les autres dispositions relatives audit Emprunt. FAIT au Conseil d'État du Roi, Sa Majesté y étant, tenu à Versailles le sept février mil sept cent cinquante-six. *Signé* M. P. DE VOYER D'ARGENSON.

ÉDIT DU ROI,

Portant création d'un office de Trésorier de l'Hôtel de l'École Royale-militaire.

Donné à Versailles au mois d'Août 1760.

Registré en Parlement, Chambre des Comptes & Cour des Aides.

LOUIS, PAR LA GRÂCE DE DIEU, ROI DE FRANCE ET DE NAVARRE : A tous présens & à venir ; SALUT. Nous avons, par l'article 7 de notre Édit du mois de janvier 1751, portant création d'une École Militaire, ordonné que les fonds destinés pour l'établissement & entretien de cette École, seroient remis ès mains du Trésorier qui seroit par nous nommé, pour être par lui employés suivant & conformément aux états & ordonnances qui en seroient expédiés par l'Intendant, auquel nous jugerions à propos d'en confier les détails, sous les ordres du Secrétaire d'État ayant le département de la Guerre. Quelque sûreté que nous puissions nous promettre de la fidélité & de l'exactitude de celui que nous avons pourvu de cette charge, il nous a paru néanmoins que le seul moyen d'assurer, tant pour le présent que pour l'avenir, le maniement des deniers de l'Hôtel de notre École Militaire, étoit d'ériger ladite charge de Tréforier en titre d'office, moyennant une finance proportionnée à fon maniement, ainfi que le feu Roi notre très-honoré Seigneur & Bifaïeul en a ufé à l'égard de l'Hôtel des Invalides, par fon Édit du mois de février 1701. A CES CAUSES, & autres à ce nous mouvant; de l'avis de notre Confeil, & de notre certaine fcience, pleine puiffance & autorité royale, Nous avons par notre préfent Édit perpétuel & irrévocable, dit, ftatué & ordonné; difons, ftatuons & ordonnons, voulons & nous plaît ce qui fuit :

ARTICLE PREMIER.

NOUS avons créé & érigé, créons & érigeons en titre d'office formé & héréditaire, un notre Confeiller Tréforier général de l'Hôtel de notre École Militaire, lequel fera toutes les recettes & dépenfes concernant ledit Hôtel, & fera valablement déchargé de fon maniement par-tout où il appartiendra, au moyen des comptes qu'il en rendra, ainfi & de la manière que nous l'avons ordonné par l'article 7 de notre Édit du mois de janvier 1751, portant création dudit Hôtel.

2.

NOUS avons fixé & fixons la finance dudit Office à la fomme de deux cents cinquante mille livres, laquelle fera payée en deniers comptans, par celui que nous agréerons pour être pourvu dudit Office, entre les mains du Tréforier de nos revenus cafuels, fuivant le rôle qui en fera arrêté; & ceux qui prêteront leurs deniers pour cette acquifition, auront un privilége fpécial fur ladite finance,

à l'effet

à l'effet de quoi il en fera fait déclaration dans la quittance qui en fera expédiée.

3.

NOUS avons attribué & attribuons audit Tréforier, Douze mille cinq cents livres de gages , & Huit mille livres de taxations, tant pour droits d'exercices, appointemens de commis, frais de bureau, ports de lettres & des deniers de fon recouvrement dans la ville de Paris; & ledit Tréforier en jouira annuellement, favoir des gages à compter du jour & date du payement qu'il aura fait de la finance dudit Office; & des taxations, du jour & date de fes provifions. Le difpenfons pour la première fois de nous payer aucun droit de marc d'or, & nous avons affigné & affignons lefdits gages & taxations fur les revenus préfens & à venir dudit Hôtel, fans qu'ils puiffent jamais être retranchés ni réduits, ni affujettis à la retenue du Dixième, Deux fous pour livre du Dixième, non plus que du Vingtième, ou autres impofitions, dont nous les avons affranchis & affranchiffons pour le préfent & pour l'avenir.

4.

LEDIT Tréforier jouira dans l'intérieur dudit Hôtel, des mêmes droits que ceux qui font attachés aux offices de Tréforiers de notre Hôtel des Invalides. Il jouira en outre des mêmes honneurs, priviléges, exemptions & prérogatives que ceux qui font attribués aux Commenfaux de notre Maifon; comme auffi du droit de *Committimus*, tant au grand qu'au petit fceau; de quatre minots de fel de franc-falé, & de fon logement, tant dans la maifon dont il fera parlé ci-après, que dans l'Hôtel, pour y exercer les fonctions de fa charge.

Sfff

5.

Il sera présenté audit Office par le Secrétaire d'État & de nos Commandemens, ayant le département de la Guerre, Surintendant dudit Hôtel : Voulons que, sur la présentation par nous agréée, & de lui signée, il soit expédié, sans difficulté, toutes lettres de provisions en notre grande Chancellerie, & que ledit Trésorier soit reçu & installé par l'Intendant dudit Hôtel, après avoir prêté serment entre les mains du Secrétaire d'État, Surintendant dudit Hôtel.

6.

Nous avons fait & faisons don audit Hôtel de la finance dudit Office, pour être ladite finance employée au payement, tant du prix principal, que des intérêts qui en sont échus, d'une maison que ledit Hôtel a acquise pour lui servir d'entrepôt dans Paris, en conséquence de nos ordres, & sous la condition de nos Lettres patentes, par contrat passé devant Doyen, qui en a la minute, & son confrère, Notaires au Châtelet de Paris, le 12 septembre 1754; à l'effet de quoi ledit Trésorier aura un privilége spécial sur ladite maison, jusqu'à la concurrence de la finance de son office.

7.

Nous avons autorisé & autorisons par notre présent Édit, l'Hôtel de notre École Militaire, à consommer ladite acquisition, & lui avons fait & lui faisons don & remise des droits d'amortissemens, & autres généralement quelconques, qui pourroient nous appartenir à cause de ladite acquisition, sauf l'indemnité envers les Seigneurs particuliers, dans la mouvance desquels elle est située.

Nous avons au surplus révoqué & révoquons notre Édit du mois de septembre 1754, portant création dudit office de Tréforier. Si DONNONS EN MANDEMENT à nos & féaux Confeillers les Gens tenant notre Cour de Parlement, Chambre des Comptes & Cour des Aides à Paris, que notre préfent Édit ils aient à faire lire, publier & regiftrer; & le contenu en icelui garder & obferver felon fa forme & teneur, ceffant & faifant ceffer toutes chofes à ce contraires : CAR TEL EST NOTRE PLAISIR; & afin que ce foit chofe ferme & ftable à toujours, nous y avons fait mettre notre fcel. DONNÉ à Verfailles, au mois d'août, l'an de grâce mil fept cent foixante, & de notre règne le quarante-cinquième. *Signé* LOUIS. *Et plus bas*, Par le Roi. *Signé* LE MARÉCHAL DUC DE BELLEISLE. *Vifa* LOUIS. Vu au Confeil, BERTIN. Et fcellé du grand fceau de cire verte, en lacs de foie rouge & verte.

Regiftré, ouï & ce requérant le Procureur général du Roi, pour être exécuté felon fa forme & teneur, fuivant l'arrêt de ce jour. A Paris, en Parlement, toutes les Chambres affemblées, le vingt-huit novembre mil fept cent foixante. Signé YSABEAU.

Regiftrées en la Chambre des Comptes, ouï & ce requérant le Procureur général du Roi, pour être exécutées felon leur forme & teneur. Les Bureaux affemblés, le neuf décembre mil fept cent foixante. Signé GOUGENOT.

Regiftrées, ce requérant le Procureur général du Roi, pour être exécutées felon leur forme & teneur, fuivant l'arrêt de ce jour. A Paris, en la Cour des Aides, les Chambres affemblées, le vingt-trois janvier mil fept cent foixante-un. Collationné. Signé BESNIER.

PROVISIONS

De la charge de Tréforier général de l'École Royale-militaire, pour le fieur GAËTAN-LAMBERT DUPONT.

LOUIS, PAR LA GRÂCE DE DIEU, ROI DE FRANCE ET DE NAVARRE : A tous ceux qui ces préfentes Lettres verront ; SALUT. Nous avons eu pour agréable la préfentation que notre très-cher & bien amé Coufin le Duc de Choifeul, Pair de France, Miniftre & Secrétaire d'État, ayant les départemens des affaires Étrangères & de la Guerre, Surintendant de l'Hôtel de notre École Militaire, nous a faite de la perfonne de notre cher & bien amé Gaëtan-Lambert Dupont, Avocat en notre Cour de Parlement de Paris, pour remplir l'office de notre Confeiller-Tréforier général de l'Hôtel de notre École Militaire, que nous avons créé en titre d'office formé & héréditaire, par notre Édit du mois d'août de l'année dernière 1760, regiftré où befoin a été. Les témoignages qui nous ont ci-devant été rendus de fa probité, de fes connoiffances, & de fon attachement pour notre fervice, nous déterminèrent à lui confier, par notre brevet du 5 février 1751, les fonctions de l'office que nous avons créé depuis ; & la manière dont il s'en eft acquitté, a tellement juftifié notre choix, que nous jugeons ne pouvoir rien faire de plus avantageux aux intérêts de notre École Militaire, que d'affurer à cet établiffement la continuation de fervices que le zèle & l'exactitude caractérisèrent. SAVOIR FAISONS, que pour ces caufes, & autres à ce nous mouvant, après avoir vu copie collationnée de notre Édit du mois d'août 1760, certificat de l'agrément par nous donné sur la présentation à nous faite par le Duc de Choiseul, & quittance du payement fait par le sieur Dupont entre les mains du Trésorier de nos revenus casuels, de la somme de Deux cents cinquante mille livres, à laquelle nous avons fixé la finance dudit Office, le tout ci-attaché sous le contre-scel de notre Chancellerie; & de notre grâce spéciale, pleine puissance, & autorité royale, Nous avons donné & octroyé; & par ces présentes signées de notre main, donnons & octroyons au sieur Gaëtan-Lambert Dupont, l'office de notre Conseiller-Trésorier général de l'Hôtel de notre École Militaire, créé héréditaire par notredit Édit, pour, par ledit sieur Dupont, faire toutes les recettes & dépenses concernant ledit Hôtel, jouir de Douze mille cinq cents livres de gages par chacun an, à compter du jour & date du payement de la finance dudit Office, ensemble de Huit mille livres de taxations pour droits d'exercice, appointemens de commis, frais de bureau, ports de lettres, & des deniers de son recouvrement dans la ville de Paris, à compter du jour & date des présentes, avec dispense pour la première fois de payer aucuns droits de marc d'or; lesquels gages & taxations seront & demeureront assignés sur les revenus présens & à venir dudit Hôtel, sans qu'ils puissent jamais être retranchés, ni réduits, ni assujettis à la retenue du Dixième, Deux sous pour livre du Dixième, non plus que du Vingtième, ou autres impositions, dont ils demeureront affranchis pour le présent & pour l'avenir: comme aussi jouir dans l'intérieur dudit Hôtel, des mêmes droits que ceux qui sont attachés aux offices de Trésorier de notre Hôtel Royal des Invalides; & en outre des mêmes honneurs, priviléges, exemptions & prérogatives que ceux qui font attribués aux Commenfaux de notre Maifon ; du droit de *Committimus*, tant au grand qu'au petit fceau ; de quatre minots de fel de franc-falé, & de fon logement, tant dans ledit Hôtel de notre École Militaire, que dans la maifon qui doit fervir audit Hôtel d'entrepôt à Paris, fur laquelle maifon ledit fieur Dupont aura un privilége fpécial jufqu'à la concurrence de la finance dudit Office, de laquelle nous avons fait don audit Hôtel, pour être employée au payement, tant du principal de ladite maifon, que des intérêts qui en font échus, le tout conformément aux difpofitions portées par notredit Édit ; à la charge par ledit fieur Dupont, fuivant l'article 7 de notre Édit du mois de janvier 1751, de préfenter à la fin de chaque année à l'affemblée qui fe tiendra pour cet effet dans ledit Hôtel, le compte général de la recette & de la dépenfe qu'il aura faite durant ladite année, conformément aux états & ordonnances qui en auront été expédiés par l'Intendant dudit Hôtel, dans laquelle affemblée ledit compte général fera examiné, clos & arrêté, fans que ledit fieur Dupont foit tenu de compter devant d'autres que ceux qui compoferont ladite affemblée ; pour les comptes qui feront arrêtés en icelle, lui fervir de décharge valable de fon maniement par-tout où il appartiendra : comme auffi à la charge que ledit Office demeurera fpécialement affecté & hypothéqué aux débets des comptes des exercices dudit fieur Dupont. SI DONNONS EN MANDEMENT à notre très-cher & bien amé Coufin le Duc de Choifeul, Pair de France, Chevalier de nos Ordres, Lieutenant général de nos armées, Gouverneur de Touraine, Miniftre & Secrétaire d'État des Affaires étrangeres & de la guerre, Surintendant de l'Hôtel de notre École Militaire, Grand-

Maître & Surintendant général des Courriers, Postes & Relais de France, qu'après qu'il lui fera apparu des bonnes vie & mœurs, profession de la Religion Catholique, Apostolique & Romaine, & âge requis par nos Ordonnances, dudit sieur Dupont, & de lui pris & reçu le serment, il le fasse recevoir & installer par l'Intendant dudit Hôtel, & de par Nous en possession dudit Office, & d'icelui ; ensemble de tout le contenu ci-dessus jouir & user pleinement, paisiblement & héréditairement, & reconnoître, obéir & entendre de tous ceux & ainsi qu'il appartiendra, es choses touchant & concernant ledit Office. MANDONS en outre aux Officiers dudit Hôtel, qui composeront l'assemblée ci-dessus mentionnée, que les gages & taxations par nous attribués audit Office, & que nous permettons au sieur Dupont de retenir chaque année par ses mains, ils aient à passer & allouer en la dépense de ses comptes, sans difficulté : CAR TEL EST NOTRE PLAISIR; en témoin de quoi nous avons fait mettre notre scel à cesdites présentes. DONNÉ à Versailles, le deuxième jour du mois de mars, l'an de grâce mil sept cent soixante-un, & de notre règne le quarante-sixième. *Signé* LOUIS. *Et plus bas*, Par le Roi. *Signé* LE DUC DE CHOISEUL.

Aujourd'hui dix-septième jour d'avril mil sept cent soixante-un, nous Ministre & Secrétaire d'État des affaires étrangères & de la guerre, Surintendant de l'Hôtel de l'École Royale-militaire, vu l'information des vie & mœurs, Religion Catholique, Apostolique & Romaine de M.' Gaëtan-Lambert Dupont, dénommé és présentes Lettres de provisions, avons pris & reçu de lui le serment de garder fidélité au Roi & audit Hôtel de l'École Royale-militaire, dans la charge & office de Conseiller de Sa Majesté, Trésorier général dudit Hôtel, dont il est pourvu ; & de faire dans tout ce qui dépendra des fonctions de ladite charge, tout ce qu'un bon & fidèle sujet doit & est tenu de faire; en conséquence mandons à l'Intendant dudit Hôtel, de faire recevoir & installer ledit sieur Dupont en possession dudit Office, & de le faire jouir des droits qui y sont attribués, ainsi qu'il est plus au long porté esdites Lettres de provisions. En foi de quoi nous avons signé le présent acte, & icelui fait contre-signer par notre Secrétaire ordinaire. A Versailles, lesdits jour & an que dessus. *Signé* LE DUC DE CHOISEUL. *Et plus bas*, Par Monseigneur, LA PONCE.

Aujourd'hui vingtième jour d'avril mil sept cent soixante-un, nous Antoine Pecquet, Chevalier de l'Ordre de Saint-Lazare, Intendant en survivance de l'Hôtel de l'École Royale-militaire, en vertu des ordres de Monseigneur le Duc de Choiseul, portés en l'acte de réception de serment étant sur le repli des présentes Lettres de provisions, avons présenté M.ᵉ Gaëtan-Lambert Dupont, dénommé auxdites Lettres au Conseil d'administration de l'Hôtel, assemblé cejourd'hui, lequel, lecture faite desdites provisions, & de l'acte de prestation de serment étant sur le repli d'icelles, a ordonné que le tout seroit regiftré en ses regiftres, & a reçu & installé ledit M.ᵉ Dupont en la charge & office de Conseiller du Roi, Trésorier général dudit Hôtel, & icelui fait reconnoître en ladite qualité dans ledit Hôtel, pour par lui jouir de tous les droits attachés audit Office, ainsi qu'il est plus au long porté en la délibération dudit Conseil de ce jour. FAIT audit Hôtel, lesdits jour & an que dessus. *Signé* PECQUET.

Regiftrées par nous Secrétaire du Conseil, Garde des Archives
de

de l'Hôtel de l'École Royale-militaire, en vertu des ordres dudit Conseil. Signé DARGET.

Enregistrées au Greffe du Grenier à Sel de Paris, suivant la sentence de ce jour dix-neuf août mil sept cent soixante-un. Signé COLLETTE.

LETTRES PATENTES DU ROI,

Pour le rétablissement du Trésorier de l'École Royale-militaire.

Données à Versailles le 10 Août 1776.

Regiſtrées en Parlement le 6 Septembre audit an.

LOUIS, PAR LA GRÂCE DE DIEU, ROI DE FRANCE ET DE NAVARRE : A nos amés & féaux Conseillers les Gens tenant notre Cour de Parlement à Paris ; SALUT. Par l'article 9 de notre Déclaration du 1.er février dernier, nous avons ordonné que les deniers provenans de remboursemens de capitaux, ainſi que ceux provenans des ventes & aliénations que le Bureau d'adminiſtration de notre École Royale-militaire a été autoriſé de faire, seroient verſés entre les mains du Tréſorier de l'extraordinaire des guerres ; mais ayant depuis reconnu la néceſſité de conserver le Tréſorier de ladite fondation, créé par Édit du mois d'août 1760 ; & voulant éviter l'inconvénient d'une double comptabilité. A CES CAUSES & autres à ce nous mouvant ; de l'avis de notre Conseil, & de notre certaine ſcience, pleine puiſſance & autorité royale, Nous avons dit & ordonné ; & par ces Préſentes ſignées de notre main, diſons & ordonnons, voulons & nous plaît : Que le

Tttt

Tréforier de l'École Militaire créé par Édit du mois d'août 1760, continuera à recevoir tous les deniers des ventes & aliénations & remboursemens de capitaux de ladite fondation, dérogeant pour ce regard seulement à l'article 9 de notre Déclaration du 1.er février dernier ; à la charge par ledit Tréforier d'en rendre ses comptes au Bureau d'administration de ladite fondation, en la forme & manière prescrite par l'article 7 de l'Édit du mois de janvier 1751. SI VOUS MANDONS que ces Présentes vous ayez à faire lire, publier & regiftrer ; & le contenu en icelles garder, obferver & exécuter felon leur forme & teneur, ceffant & faifant ceffer tous troubles & empêchemens contraires : CAR TEL EST NOTRE PLAISIR. Donné à Verfailles le dixième jour du mois d'août, l'an de grâce mil fept cent foixante-feize, & de notre règne le troifième. *Signé* LOUIS. *Et plus bas*, Par le Roi. *Signé* SAINT-GERMAIN. Et fcellées du grand fceau de cire verte, en lacs de foie rouge & verte.

Regiftrées, ouï, ce requérant le Procureur général du Roi, pour être exécutées felon leur forme & teneur, fuivant l'arrêt de ce jour. À Paris, en Parlement, les Grand-Chambre & Tournelle affemblées, le fix feptembre mil fept cent foixante-feize. Signé YSABEAU.

ÉDIT DU ROI,

Portant création d'un office de Commissaire des Guerres, près & à la suite de la compagnie des Cadets-gentils-hommes de l'Hôtel de l'École Royale - militaire.

Donné à Versailles au mois de Février 1778.

Registré en Parlement le 24 des mêmes mois & an.

LOUIS, PAR LA GRÂCE DE DIEU, ROI DE FRANCE ET DE NAVARRE : A tous présens & à venir; SALUT. Ayant résolu de former dans notre Hôtel de l'École Royale-militaire, une compagnie de Cadets-gentilshommes, choisis, tant parmi ceux de la jeune Noblesse de notre royaume qui ne sont pas pourvus des biens de la fortune, que parmi les jeunes Gentilshommes que nous faisons élever dans les Écoles Militaires établies dans nos provinces ; nous avons jugé convenable de mettre cette Compagnie sur un pied semblable à celui de nos Troupes. C'est dans cette vue, qu'indépendamment des Officiers par qui elle sera commandée, nous nous sommes proposés d'y attacher spécialement un Commissaire des Guerres, pour remplir auprès d'elle les mêmes fonctions que les autres Commissaires exercent à la suite de nos Troupes, & de créer pour cet effet un Office particulier, afin que la personne à qui nous le confierons, trouve dans la stabilité de cette place comme dans les préroga-tives qui y sont attribuées, un motif toujours subsistant de zèle & d'émulation. A CES CAUSES, de l'avis de notre Conseil, & de notre certaine science, pleine puissance & autorité royale, Nous avons, par le présent Édit per-

Tttt ij

pétuel & irrévocable, créé, érigé & établi ; créons, érigeons & établissons en titre d'office, un notre Conseiller-Commissaire ordinaire des Guerres, près & à la suite de la compagnie des Cadets-gentilshommes de l'Hôtel Royal-militaire, lequel exercera, à l'égard de ladite Compagnie, les mêmes fonctions que remplissent & exercent les Commissaires ordinaires des Guerres, employés à la suite de nos Troupes ; le tout sous l'autorité du Secrétaire d'État & de nos commandemens, ayant le département de la Guerre, Surintendant dudit Hôtel. Voulons que celui qui sera par nous pourvu dudit Office, jouisse, en cette qualité, des mêmes honneurs, pouvoirs, autorités, prérogatives, priviléges, franchises, immunités & exemptions, dont jouissent & ont droit de jouir les Commissaires ordinaires des Guerres, en vertu des Édits, Déclarations & Règlemens rendus sur le fait de leurs Offices. SI DONNONS EN MANDEMENT à nos amés & féaux Conseillers les Gens tenant nos Cours de Parlement & des Aides à Paris, que notre présent Édit ils aient à faire lire, publier & registrer ; & le contenu en icelui garder, observer & exécuter selon sa forme & teneur : CAR TEL EST NOTRE PLAISIR ; & afin que ce soit chose ferme & stable à toujours, nous y avons fait mettre notre scel. DONNÉ à Versailles au mois de février, l'an de grâce mil sept cent soixante-dix-huit, & de notre règne le quatrième. *Signé* LOUIS. *Et plus bas,* Par le Roi. *Signé* LE PRINCE DE MONTBAREY. Et scellé du grand sceau de cire verte, en lacs de soie rouge & verte.

Registré, ouï & ce requérant le Procureur général Roi, pour être exécuté selon sa forme & teneur, suivant l'arrêt de ce jour. À Paris, en Parlement, toutes les Chambres assemblées, le vingt-quatre février mil sept cent soixante-dix-huit. Signé LEBRET.

CHAPITRE DIXIÈME.

Garde de l'Hôtel.

Ordonnance du Roi, du 3 Juillet 1753, pour la formation d'une Compagnie de bas Officiers Invalides. — Ordonnance du Roi, du 28 Juin 1776, portant augmentation d'un Lieutenant & de vingt hommes dans la Compagnie des bas Officiers Invalides de d'Habin, servant à la garde de l'École Royale-militaire.

ORDONNANCE DU ROI,

Pour la formation d'une Compagnie de bas Officiers Invalides.

Du 3 Juillet 1753.

DE PAR LE ROI.

SA MAJESTÉ voulant qu'il soit employé à la garde de l'École Militaire à Vincennes, une Compagnie de bas Officiers Invalides, Elle a ordonné & ordonne : Que ladite Compagnie sera formée des Officiers & bas Officiers, qui seront choisis dans le nombre de ceux actuellement retirés à son Hôtel des Invalides ; & composée d'un Capitaine, un Capitaine en second, faisant les fonctions de Lieutenant, deux Sergens, deux Caporaux, deux Anspessades, quarante-trois Fusiliers, & deux Tambours ; laquelle Compagnie sera payée, à commencer du 1.er Octobre prochain, sur les fonds de l'extraordinaire des

Guerres, à raison de cinquante sous par jour au Capitaine en pied, pareils cinquante sous au Capitaine en second, faisant les fonctions de Lieutenant, douze sous à chacun des deux Sergens, neuf sous à chacun des deux Caporaux, huit sous à chacun des deux Anspessades, & sept sous à chacun des quarante-trois Fusiliers & deux Tambours; outre laquelle solde il sera payé par supplément sur les fonds destinés à l'entretien de ladite École Militaire, savoir, au Capitaine en pied vingt sous par jour, dix sous au Capitaine en second, faisant les fonctions de Lieutenant, & trois sous aussi par jour à chacun des Sergens, Caporaux, Anspessades, Fusiliers & Tambours. Entend Sa Majesté que ladite Compagnie soit directement sous les ordres du sieur Marquis de Sallière, Lieutenant général de ses Armées, Inspecteur général de son Infanterie, & Gouverneur de ladite École Militaire, & qu'il ait sur elle toute l'autorité qu'exige le service auquel elle est destinée. MANDE & ordonne Sa Majesté audit sieur Marquis de Sallière, & au sieur de la Courneufve, Gouverneur de son Hôtel des Invalides, de tenir la main à l'exécution de la présente Ordonnance. FAIT à Versailles, le trois juillet mil sept cent cinquante-trois. *Signé* LOUIS. *Et plus bas*, M. P. DE VOYER D'ARGENSON.

Par Ordonnance du Roi du 30 décembre 1757, cette Compagnie fut augmentée de dix-sept hommes : un Sergent, un Caporal, un Anspessade & quatorze Fusiliers, de sorte qu'elle est composée actuellement ;

SAVOIR:

Capitaine .... 1 } 2
Capitaine en second .... 1 }

Sergens 3
Caporaux 3
Anspessades 3
Fusiliers 57
Tambours 2
                                                ——
                                                68

Indépendamment de cette Compagnie, qui est destinée à la garde intérieure de l'École Royale-militaire, l'Hôtel des Invalides a formé pour la garde extérieure de cet Établissement, un Détachement de quatre-vingt-huit hommes;

S A V O I R:

Sergens 4
Caporaux 4
Fusiliers 80
                                                ——
                                                88

Ce Détachement fournit par jour pour la garde extérieure de l'École Royale-militaire, vingt-deux hommes;

S A V O I R:

Sergent 1
Caporal 1
Fusilier 20
                                                ——
                                                22

L'École Royale-militaire paye à ce Détachement un supplément de solde de six sous par jour à chaque Sergent, deux sous quatre deniers à chaque Caporal, & un sou quatre deniers à chaque Fusilier.

ORDONNANCE DU ROI,

Portant augmentation d'un Lieutenant & de vingt hommes dans la Compagnie des bas Officiers Invalides de d'Habin, servant à la garde de l'École Royale-militaire.

Du 28 Juin 1776.

DE PAR LE ROI.

SA MAJESTÉ jugeant convenable au bien de son service, d'augmenter d'un Lieutenant & de vingt hommes la Compagnie des bas Officiers Invalides de d'Habin, servant à la garde de l'École Royale-militaire, pour la porter de quatre-vingt à cent hommes, Elle a ordonné & ordonne ce qui suit:

ARTICLE PREMIER.

L'INTENTION de Sa Majesté est qu'à commencer du 1.er Juillet prochain, la Compagnie des bas Officiers Invalides de d'Habin, servant à la garde de l'École Royale militaire, soit composée de trois Sergens, trois Caporaux, trois Appointés, quatre-vingt-neuf Fusiliers & deux Tambours; & commandée par un Capitaine en premier, un Capitaine en second, & un Lieutenant qui sera pris par le Gouverneur de l'Hôtel Royal des Invalides, dans les Officiers dudit Hôtel.

2.

CETTE Compagnie sera payée sur le pied de deux livres dix-neuf sous neuf deniers par jour au Capitaine en premier,

premier, deux livres dix sous au Capitaine en second, vingt sous au Lieutenant, douze sous à chacun des trois Sergens, neuf sous à chacun des trois Caporaux, huit sous à chacun des trois Appointés, & sept sous à chacun des quatre-vingt-neuf Fusiliers & des deux Tambours.

3.

CETTE Compagnie jouira indépendamment du traitement réglé par l'article précédent, du supplément payé par l'École Royale-militaire, conformément à ce qui a été fixé pour chaque grade, ainsi que du décompte de linge & chaussure, & de l'habillement qu'elle recevra de l'Hôtel Royal des Invalides.

MANDE & ordonne Sa Majesté au sieur Comte de Saint-Germain, Ministre & Secrétaire d'État de la Guerre & Administrateur de l'Hôtel Royal des Invalides ; au sieur Baron d'Espagnac, Maréchal-de-camp & Gouverneur dudit Hôtel, & à tous autres ses Officiers qu'il appartiendra, de tenir la main à l'exécution de la présente Ordonnance. FAIT à Marli le vingt-huit juin mil sept cent soixante-seize. *Signé* LOUIS. *Et plus bas*, SAINT-GERMAIN.

CHAPITRE ONZIÈME.

Collége Royal de la Flèche.

Lettres patentes du Roi, du 7 avril 1764, portant confirmation du collége Royal de la Flèche, & qui y établissent un Pensionnat de deux cents cinquante Gentilshommes. — Ordonnance du Roi, du 9 octobre 1765; portant instruction & règlement pour le Pensionnat de son collége de la Flèche. — Lettres patentes du Roi, du 7 avril 1767, pour l'Affiliation du collége royal de la Flèche à l'Université de Paris. — Arrêt du Conseil d'État du Roi, du 8 août 1767, portant règlement pour le collége royal de la Flèche. — Lettres patentes du Roi, du 22 avril 1768, portant suppression des places de Chapelains du collége de la Flèche, & établissement dans ledit Collége d'un second Sous-principal, sous le titre de Préfet des Études. — Arrêt du Conseil d'État du Roi, du 12 mai 1769, qui ordonne les travaux nécessaires pour conduire dans le collége de la Flèche, les eaux de différentes sources ; & la construction d'une fontaine dans la ville de la Flèche. — Lettres patentes du Roi, du 20 février 1772, portant règlement pour le collége royal de la Flèche. — Arrêt du Conseil d'État du Roi, du 25 mars 1775, portant règlement pour la Bibliothèque du collége royal de la Flèche. — Lettres patentes du Roi, du 20 mai 1776, concernant le collége de la Flèche. — Lettres patentes du Roi, du 8 décembre 1779, portant règlement, concernant la régie & administration du collége de la Flèche & les Élèves dudit Collége. — Mémoire instructif sur les formalités à remplir par les Parens qui demandent des Places au collége royal de la Flèche, pour leurs Enfans.

LETTRES PATENTES DU ROI,

Portant confirmation du Collége royal de la Flèche, & qui y établissent un Pensionnat de deux cents cinquante Gentilshommes.

Données à Versailles le 7 Avril 1764.

Regiſtrées en Parlement le 11 Avril audit an.

LOUIS, PAR LA GRÂCE DE DIEU, ROI DE FRANCE ET DE NAVARRE : A tous ceux qui ces préſentes Lettres verront ; SALUT. Notre affection ſingulière pour cette Nobleſſe illuſtre qui fait la gloire & la force de notre royaume, & le deſir d'en perpétuer l'éclat & l'utilité, nous a porté à inſtituer, par notre Édit du mois de janvier 1751, une École Militaire pour y élever cinq cents Gentilshommes dans l'art des armes, & nous procurer ces Officiers de diſtinction auxquels eſt dûe principalement la réputation des armes Françoiſes ; mais l'expérience nous a fait reconnoître que les inſtructions & les exercices qui appartiennent à la profeſſion militaire, exigent une première éducation commune aux différentes profeſſions ouvertes à la Nobleſſe, & que celle qui ne ſe rapporte qu'à un ſeul objet, eſt ſouvent infructueuſe ou déplacée quand elle prévient l'âge dans lequel le caractère & la portée des enfans commence à ſe déclarer ; Nous avons donc jugé que le cours des études publiques, deſtiné à préparer à toutes ſortes de profeſſions indiſtinctement, devoit être le fondement de l'éducation de ceux qui ſeroient par nous admis à notre École Militaire comme celui de toutes autres

Uuuu ij

professions ; mais ce premier degré d'institution ne pouvant se trouver que dans une École célèbre & nombreuse, nous avons cherché celle qui seroit la plus capable d'exciter l'émulation, & de nous faire juger de l'aptitude & des dispositions de ces écoliers ; c'est ce qui nous a fait jeter les yeux sur le collége de la Flèche, qui, par la noblesse de son établissement, par les avantages de sa situation, par l'étendue de ses bâtimens, & par les grands biens dont il a été doté, nous a paru remplir tout ce que nous pouvions desirer à ce sujet ; & plus jaloux de nous montrer héritier des sentimens & des vertus du grand Roi qui l'a fondé, que de l'être de son Sang & de sa Couronne, nous avons vu avec la satisfaction la plus sensible, que par un tel choix nous ne ferions qu'accomplir ses vœux, & donner à cette affection paternelle & bienfaisante qu'il avoit pour la Noblesse de son royaume, tout l'effet qu'il n'avoit pas eu le temps de lui procurer, en même-temps que nous porterions cet établissement à l'état le plus digne de son auguste Fondateur, puisque c'étoit pour l'éducation gratuite de cent pauvres Gentilshommes qu'il avoit donné sa propre maison, l'avoit décorée avec magnificence, & enrichie de ses bienfaits ; en marchant ainsi sur ses traces, nous serons en état de distinguer, par les progrès des deux cents cinquante Gentilshommes qui feront leurs études en ce Collége, ceux dont le goût & les talens les porteront au service militaire, d'avec ceux qui paroîtront destinés plutôt à servir notre État dans l'Église, dans la Magistrature, ou dans toutes autres professions nobles ; & les premiers deviendront plus capables de réussir dans les études & les exercices que l'art militaire exige, & ils trouveront dans notre École Royale tout ce qui pourra leur être nécessaire pour se mettre en état de conserver à la nation Françoise cette réputation de bravoure & de capacité, qui fut toujours son plus bel ornement ; ces jeunes rejetons, si précieux à notre État, lui deviendront tous également utiles, & ils transmettront à leurs descendans les exemples & les vertus de leurs ancêtres ; toute la Noblesse de notre royaume, dont la fortune trop souvent épuisée par le service, ne répond pas à la naissance, sera également en état d'aspirer à ces places ; mais les enfans de ceux qui auroient été tués à notre service, ou qui seroient décédés de leurs blessures, auront toujours sur les autres une préférence si bien méritée. Le libre & gratuit accès des classes de ce Collége, à tous les écoliers externes, sans distinction, mettra nos autres sujets, en état de profiter des bons maîtres dont il sera rempli, & des exemples de ses pensionnaires ; les voies d'examen & de concours, ainsi qu'une juste confiance en notre Université de Paris, sur le choix des sujets qui nous seront présentés pour la conduite & l'instruction de cette jeunesse, nous rendront sûrs de leur vertu & de leur capacité, & elles exciteront entre les maîtres comme entre les écoliers une noble émulation, dont les avantages se porteront jusque dans les autres établissemens destinés à l'éducation : enfin le bon ordre & la sage administration que nous établirons en ce Collége, & plus encore l'inspection de notre Secrétaire d'État, & l'attention que nous nous ferons un devoir d'y donner sur le compte qu'il nous en rendra, assûreront à jamais le succès de toutes nos vues pour le bien de notre Noblesse. Mais comme les dépenses de notre École Militaire se trouveront considérablement diminuées par ce nouvel arrangement, il nous a paru juste de prendre sur ses revenus de quoi suppléer à ceux de notredit Collége, qui seroient insuffisans pour l'entretien d'un si grand nombre de pensionnaires ; c'est ainsi qu'après avoir procuré par nos Lettres patentes du 21 novembre dernier, la meilleure éducation à ceux de nos sujets qui seroient dans l'indigence, nous la procurerons également aux pauvres Gentilshommes de notre royaume, & que, par notre attention à le remplir de bons citoyens dans tous ces Ordres, nous contribuerons de plus en plus à sa gloire & à la félicité de nos peuples, & nous aurons cette satisfaction si sensible à notre cœur, de nous montrer leur père encore plus que leur Roi. A CES CAUSES, & autres à ce nous mouvant; de l'avis de notre Conseil, & de notre certaine science, pleine puissance & autorité Royale, Nous avons dit, ordonné & statué; & par ces présentes signées de notre main, disons, ordonnons & statuons, voulons & nous plaît ce qui suit:

ARTICLE PREMIER.

LE Collége royal de notre ville de la Flèche, sera & demeurera conservé, confirmant, en tant que de besoin, l'établissement qui en a été fait par le roi Henri-le-Grand, d'heureuse mémoire.

2.

ET desirant nous conformer à ses intentions, voulons que ledit Collége soit & demeure, dorénavant & à perpétuité, destiné à l'éducation & à l'instruction des enfans de deux cents cinquante Gentilshommes de notre royaume.

3.

LESDITS deux cents cinquante Gentilshommes seront élevés dans ledit Collége royal, nourris & soignés, tant en santé, qu'en maladie, & vêtus de l'uniforme qui aura été par nous réglé, sans que, pour quelque cause que ce soit, il y puisse être établi aucun autre Pensionnat; voulons néanmoins que toutes les classes dudit Collége soient publiques, & que tous Externes y soient admis gratuitement, ainsi que dans les autres Colléges de plein exercice.

4.

LES enfans desdits Gentilshommes, qui rempliront lesdites deux cents cinquante places, seront par nous nommés & choisis dans la Noblesse de nos États, sur la représentation qui nous en sera faite par notre Secrétaire d'État ayant le département de la Guerre & de la Marine; sans nous arrêter à la division exacte des classes établies, tant par les dispositions de notre Édit du mois de janvier 1751, que par celle de notre Déclaration du 24 août 1760, auxquelles nous avons, en tant que de besoin, dérogé & dérogeons par ces présentes; & seront cependant par nous préférés les enfans des Officiers qui auroient été tués au service, ou qui seroient décédés de leurs blessures, soit audit service, soit après s'en être retirés.

5.

LESDITS enfans ne pourront être admis dans ledit Collége qu'après qu'il aura été entièrement satisfait à tout ce qui est prescrit par nosdits Édit & Déclaration, soit par rapport aux preuves de Noblesse, soit par rapport aux autres qualités qui y sont requises.

6.

LESDITS enfans pourront être admis auxdites places depuis l'âge de huit à neuf ans, jusqu'à celui de dix à onze ans, & les orphelins jusqu'à treize ans; nous réservant néanmoins de faire à ladite règle telles exceptions que nous jugerons à propos, lors de notre première nomination seulement.

7.

IL ne pourra être admis aux deux cents cinquante places qui resteront à remplir dans notredit Hôtel de l'École Royale-militaire, que ceux desdits enfans des Gentilshommes qui auront fait leurs études dans ledit Collége royal, & qui auront atteint l'âge de quatorze ans accomplis ; voulons néanmoins que ceux d'entr'eux, qui par leurs dispositions particulières se trouveroient appelés à l'état Ecclésiastique, ou de Magistrature, ou à autres professions nobles, puissent continuer d'y faire leurs études, ce qui sera réglé sur le compte qui nous sera rendu par notredit Secrétaire d'État ayant le département de la Guerre & de la Marine, de leurs inclinations & de leur conduite.

8.

LEDIT Collége royal sera régi & administré sous l'inspection de notredit Secrétaire d'État, par un Bureau composé de l'Évêque diocésain qui y présidera ; de notre Lieutenant général, & de notre Procureur en la sénéchaussée de la Flèche ; de deux notables qui seront par nous choisis parmi d'anciens Gentilshommes retirés du service ; du Maire de notre ville, & du Principal dudit Collége, lesquels prendront séance audit Bureau dans l'ordre ci-dessus porté ; & en cas d'absence dudit Évêque, il y assistera tel Ecclésiastique séculier qui aura été par lui commis à cet effet, conformément à l'article VI de notre Édit du mois de février 1763.

9.

ET pour nous mettre plus à portée d'être informés des mœurs, du caractère & des talens desdits deux cents cinquante Gentilshommes ; voulons qu'il soit établi dans
ledit

ledit Collége, un Inspecteur qui sera par nous nommé, sur le compte qui nous en aura été rendu par notredit Secrétaire d'État, lequel Inspecteur sera logé & nourri dans ledit Collége, aux appointemens de quinze cents livres par an, & aura séance & voix délibérative dans ledit Bureau, immédiatement après les deux Gentils-hommes; nous réservant toutefois d'envoyer dans ledit Collége royal, lorsque nous le jugerons à propos, celui des Officiers de notre Hôtel de l'École Royale-militaire qui nous aura été proposé par notredit Secrétaire d'État, pour y vérifier, suivant les instructions que nous lui aurons fait donner, tout ce qui pourra concerner lesdits Élèves Gentilshommes, pour nous en être ensuite rendu compte par notredit Secrétaire d'État, sans néanmoins que ledit Officier puisse avoir entrée dans ledit Bureau, ni s'immiscer dans ce qui appartiendra à son administration.

10.

Ledit Collége royal sera desservi par des personnes Ecclésiastiques ou Séculières, & composé d'un Principal, d'un Sous-principal, de deux Professeurs de Philosophie, d'un de Rhétorique, & de cinq Régens pour les Seconde, Troisième, Quatrième, Cinquième & Sixième classes; & il y aura en outre, tel nombre de Sous-maîtres que le Bureau d'administration estimera nécessaire pour lesdits deux cents cinquante Gentilshommes.

11.

Lesdits Principal, Sous-principal, Professeurs, Régens & Sous-maîtres, seront logés & nourris dans ledit Collége, & leurs honoraires seront fixés, savoir à quinze cents livres pour le Principal, douze cents livres pour le Sous-principal, onze cents livres pour chacun des trois Profeſſeurs de Philoſophie & de Rhétorique, mille livres pour chacun des Régens de Seconde, Troiſième & Quatrième, & neuf cents livres pour chacun de ceux de Cinquième & Sixième claſſes ; & à l'égard des Sous-maîtres, leurs appointemens feront réglés par ledit Bureau, ſans toutefois qu'ils puiſſent excéder la ſomme de cinq cents livres.

12.

LES penſions d'Émerites pour leſdits Principal, Sous-principal, Profeſſeurs & Régens, feront & demeureront fixées à cinq cents livres, & ne pourront être accordées par ledit Bureau, qu'après vingt années de ſervice, ſi ce n'eſt qu'il y ait été jugé à la pluralité des deux tiers de voix, que les infirmités de celui qui demandera ladite penſion, le mettent entièrement hors d'état de continuer ſes fonctions, & qu'il les a remplies juſque-là à la ſatiſfaction dudit Bureau & du Public, auquel cas ſeulement, elle pourra être accordée avant l'expiration deſdites vingt années.

13.

IL ſera par nous nommé aux places de Principal, de Profeſſeurs & de Régens ; à l'effet de quoi, il nous ſera préſenté par le Recteur de notre Univerſité de Paris, trois ſujets pour être par nous choiſis entr'eux, ſur le compte qui nous en aura été rendu par notre Secrétaire d'État ayant le département de la Guerre & de la Marine, celui que nous jugerons à propos de nommer pour remplir la place vacante ; & en cas que dans la ſuite, le Bureau d'adminiſtration dudit Collége ſe crût obligé de nous en porter des plaintes, il y ſera par nous pourvu, ſur le compte qui nous en fera rendu par notredit Secrétaire d'État.

14.

LES trois fujets qui nous feront préfentés pour la place de Principal, ne pourront être choifis qu'ils n'aient préalablement été examinés fur leur capacité, leur conduite & leurs talens, par ledit Recteur, & par quatre Principaux des Colléges de plein exercice de notredite Univerfité, & ledit choix fera fait à la pluralité des voix entre tous ceux qui fe feront préfentés audit examen; & à l'égard des places de Profeffeurs & de Régens, elles feront mifes à un concours public, pour être choifis entre ceux qui auront concouru, les trois fujets qui nous feront préfentés pour remplir la place vacante.

15.

IL ne pourra être admis audit concours que des Maîtres-ès-Arts en l'une des Univerfités de notre royaume, nommés à cet effet par le Recteur de notre Univerfité de Paris, & par quatre Profeffeurs ou Régens Émerites, ne profeffant plus, après que leurs mœurs & leur conduite auront été préalablement examinées & approuvées par lefdits Recteur, Profeffeurs ou Régens Émerites.

16.

LEDIT concours fe fera en notre Collége de Louis-le-Grand, dans une des falles de notredite Univerfité, & le Recteur d'icelle, avec lefdits quatre Profeffeurs ou Régens Émerites, donneront les matières du concours, & choifiront à la pluralité des voix entre ceux qui y auront été admis, les trois fujets qu'ils auront jugés les plus capables & les plus dignes de nous être préfentés pour remplir la place vacante, lequel choix sera déclaré publiquement à la dernière séance dudit concours.

17.

Les quatre Principaux qui seront Juges dudit concours, seront tirés au sort par le tribunal de notredite Université, parmi les Principaux de ses Colléges de plein exercice, & les Professeurs & Régens, parmi ceux des Professeurs & Régens Émerites qui auront professé, soit la même classe que celle qu'il s'agira de remplir, soit une classe supérieure; sauf en cas qu'il ne s'en trouvât pas assez pour remplir le nombre prescrit des Juges dudit concours, à être ledit nombre complété en la même forme, entre les Professeurs & Régens deservans actuellement dans lesdits Colléges de plein exercice, la classe pareille à celle qui sera à remplir.

18.

Le résultat tant de l'examen que du concours prescrit par l'article 14 ci-dessus, sera rédigé par écrit, & signé par les délibérans pour être remis à notredit Secrétaire d'État, avec la présentation desdits sujets.

19.

La nomination du Sous-principal & des Sous-maîtres, appartiendra au Principal, lequel choisira pareillement les domestiques & serviteurs dudit Collége.

20.

Le Principal & tous ceux qui sont actuellement employés à la desserte dudit Collége, continueront d'y remplir leurs fonctions, si ce n'est qu'il y fût autrement pourvu dans les cas & en la forme prescrite par notre Édit du mois de février 1763.

21.

Il y aura pour la desserte de la chapelle dudit Collége, & pour l'acquit des fondations valablement établies, quatre Chapelains, cinq Chantres & un Organiste, & lesdits Chapelains y diront leurs Messes, & y feront les Dimanches & Fêtes le service Divin avec lesdits Chantres & Organiste, ainsi qu'il sera réglé par l'Évêque diocésain.

22.

Les honoraires desdits Chapelains seront fixés à huit cents livres pour le premier, à six cents livres pour chacun des trois autres ; le premier desdits Chantres aura soixante-dix livres de gages, les quatre autres soixante livres chacun, & l'Organiste cent cinquante livres, le tout par an ; & seront de plus lesdits quatre Chapelains logés & nourris dans ledit Collége.

23.

Lesdits quatre Chapelains seront par nous nommés, sur la présentation qui nous en sera faite par l'Évêque diocésain, & ils pourront être par nous révoqués sur les représentations, tant dudit Évêque, que du Bureau d'administration dudit Collége, sur le compte qui nous en aura été rendu par notredit Secrétaire d'État. Et à l'égard desdits Chantres & Organiste, ils seront choisis par le premier desdits Chapelains, & pourront être par lui renvoyés, le tout néanmoins de concert avec ledit Bureau d'administration.

24.

Ce qui concernera le spirituel dans ledit Collége, sera au surplus réglé par ledit Évêque diocésain, & demeurera fous fa jurifdiction, le tout conformément à ce qui eft porté par l'article 2 de notre Édit de février 1763.

25.

TOUS les biens donnés par les Rois nos Prédéceffeurs, ou par autres perfonnes, audit Collège royal, & tous ceux en général qui doivent lui appartenir aux termes de nos Lettres patentes des 14 juin & 21 novembre 1763 , & 30 mars dernier, lui feront & demeureront confervés, aux charges & conditions portées par nofdites Lettres, notamment par celles du 21 novembre dernier ; à l'exception feulement des rentes fur les Papegaux de Bretagne que nous nous réfervons d'employer au foutien des Collèges de notredite province, & de la terre de Bonnes, fuivant ce qui fera ci-après réglé à l'égard d'icelle : voulons néanmoins que ledit Collège continue de jouir defdites rentes fur les Papegaux jufqu'au 1.ᵉʳ Janvier 1765, & de ladite terre de Bonnes jufqu'au 1.ᵉʳ Octobre prochain.

26.

LES abbayes de Bellebranche & de Mellinais, & les prieurés de Luché, de Saint-Jacques & de l'Échenau, feront & demeureront unis audit Collège royal ; confirmant en tant que de befoin, les unions anciennement faites defdits bénéfices en faveur de l'éducation de la jeuneffe, & impofant filence, tant à notre Procureur général, qu'à tous autres qui voudroient attaquer lefdites unions fous quelque prétexte que ce puiffe être.

27.

VOULONS néanmoins que jufqu'au 1.ᵉʳ Janvier 1765, les biens & revenus dépendans defdits bénéfices, continuent d'être régis en la forme prefcrite par nos Lettres patentes du 2 février 1763, pour être lesdits revenus employés aux engagemens que nous avons pris par nosdites Lettres: Voulons qu'à compter du 1.er Janvier 1765, lesdits biens & revenus soient régis par le Bureau d'administration dudit Collége royal; à la charge toutefois de faire remettre par an à l'Économe-séquestre commis par nosdites Lettres, par le Receveur des revenus dudit Collége, sur le montant des revenus desdits bénéfices, la somme de trente mille livres pendant les dix années qui courront depuis ledit jour 1.er Janvier 1765 ; vingt mille livres pendant les dix années suivantes, & quinze mille livres pendant les dix années subséquentes, le tout sans déduction d'aucunes charges ou frais, pour être lesdites sommes employées conformément à nosdites Lettres patentes, ainsi qu'il sera par nous ordonné.

28.

LESDITS bénéfices unis audit Collége royal, seront & demeureront en outre assujettis aux charges & conditions portées par nos Lettres patentes du 21 novembre dernier, concernant les réparations des bénéfices unis aux Colléges qui ne dépendent pas de nos Universités de notre royaume.

29.

ET quant à l'abbaye d'Anières, unie audit Collége royal, voulons qu'elle continue d'être régie en la forme prescrite par nosdites Lettres patentes du 2 février 1763, & que la fondation dont ladite union a été chargée, suivant nos Lettres patentes du mois de juin 1747, pour l'éducation d'un Gentilhomme à la nomination du Baron de Montreuil-Bellay, soit acquittée à compter du 1.er Octobre prochain, dans le Collége de notre Université d'Angers; à l'effet de quoi la pension dudit Gentilhomme sera payée, à compter dudit jour, au Supérieur dudit collége d'Angers, par ledit Économe-séquestre, sur les revenus de ladite abbaye d'Anières, le tout jusqu'à ce que nous ayons expliqué nos intentions plus particulièrement à ce sujet.

30.

VOULONS pareillement que par provision, & jusqu'à ce que nous ayons expliqué définitivement nos intentions, la fondation de bourse faite dans notredit collége royal de la Flèche, à laquelle ladite terre de Bonnes a été affectée, soit, à compter du 1.er Octobre prochain, acquittée dans le collége de la ville de Laval, & que ladite Terre, soit, à compter dudit jour, régie par le Bureau d'administration dudit Collége, sans que pour raison de ce il puisse être exigé aucuns droits seigneuriaux, d'amortissement, de centième denier & autres quelconques.

31.

N'ENTENDONS au surplus par les dispositions de nos présentes Lettres, porter aucun préjudice aux autres fondations valablement établies dans ledit Collége royal, à la conservation desquelles il sera pourvu par notredite Cour de Parlement de Paris, sur la requête de notre Procureur général, ou des Parties intéressées, ainsi qu'il appartiendra.

32.

ET attendu que les revenus dudit Collége royal, ne pourroient suffire aux dépenses nécessaires pour l'éducation & l'entretien desdits deux cents cinquante Élèves Gentils-hommes; voulons que ce qui y manquera, soit suppléé annuellement sur les revenus de l'Hôtel de ladite École

Militaire,

Militaire; & qu'à cet effet il soit passé par notre Secrétaire d'État ayant le département de la Guerre & de la Marine, des marchés avec des Entrepreneurs solvables, au meilleur compte que faire se pourra, pour la fourniture des subsistances, médicamens, habillemens & autres objets nécessaires audit entretien, dont les payemens leur seront assignés dans les termes convenus, sur les revenus dudit Collége, & subsidiairement sur ceux dudit Hôtel; & lesdits payemens seront passés en compte au Trésorier dudit Hôtel, sur les mandats de notredit Secrétaire d'État, & les quittances desdits Entrepreneurs; & sera remis un double desdits marchés au Bureau d'administration dudit Collége royal, pour tenir la main à leur exécution, de laquelle il sera rendu un compte exact audit Bureau par l'Inspecteur & par le Principal dudit Collége.

33.

ET pour établir la quotité de ce qui sera contribué par les revenus dudit Hôtel, au payement desdits marchés, il sera fait au mois de Janvier de chacune année, un état des revenus perçus pendant l'année précédente par le Receveur dudit Collége, comme aussi des sommes par lui payées à son acquit, le tout suivant l'arrêté de ses comptes, pour être lesdits Entrepreneurs payés par ledit Receveur, jusqu'à concurrence du reliquat desdits comptes, & le surplus par le Trésorier de ladite École Royale-militaire; sauf en cas qu'il eût été stipulé par lesdits marchés quelque payement antérieur audit temps, à être ledit payement fait par les mains dudit Trésorier.

34.

IL sera tenu trois tables communes & séparées, dans

notre Collége ; l'une pour lesdits Principal, Inspecteurs, Professeurs, Régens & Chapelains ; une autre pour les Sous-principal, Sous-maitres, & deux cents cinquante Gentilshommes ; & la dernière pour les domestiques dudit Collége.

35.

LE surplus de la recette & de la dépense concernant ledit Collége, & de tous les biens qui y sont attachés, sans exception, sera fait par un Receveur qui sera établi par ledit Bureau d'administration, à tels appointemens ou remises qui y auront été jugés nécessaires, lequel Receveur sera tenu de compter audit Bureau tous les trois mois, par bref-état, de ladite recette & dépense, & tous les ans par un compte général & détaillé, lequel sera arrêté dans ledit Bureau ; voulons qu'il en soit remis un double signé dudit Receveur, audit Inspecteur, pour être par lui envoyé tous les ans à notredit Secrétaire d'État ayant le département de la Guerre & de la Marine.

36.

EN ce qui concerne les frais qui seront nécessaires pour l'ameublement dudit Collége, & pour le premier établissement desdits deux cents cinquante Gentilshommes, il y sera par nous pourvu sur les revenus de notredit Hôtel de l'École Royale-militaire, ainsi qu'il appartiendra, sur le compte qui nous en aura été rendu par notredit Secrétaire d'État.

37.

TOUS les titres & papiers appartenans à notredit Collége, lui seront remis sans délai, si fait n'a été, par ceux qui en seront en possession, & seront placés dans le lieu qui sera à ce destiné par ledit Bureau d'administration.

38.

VOULONS au surplus que les articles VII, VIII, XVIII, XXI, XXII, XXIII & XXV de notre Édit du mois de février 1763, concernant les assemblées des Bureaux d'administration, les titres & registres des Colléges, la destitution des Sous-principaux & Sous-maîtres, les réparations & constructions, les baux, emprunts, remboursemens, acquisitions, ventes & aliénations, & la forme de se pourvoir en Justice, soient exécutés suivant leur forme & teneur, pour tout ce qui peut concerner notredit Collége.

39.

LES demandes & contestations concernant notredit Collége royal, & tous les biens & revenus qui y sont attachés, continueront d'être portées en première instance par-devant notre Sénéchal de la Flèche, & par appel en notre Cour de Parlement de Paris, conformément à nos Lettres de Garde-gardienne du mois de mars 1736.

40.

VOULONS au surplus que ledit Collége royal de la Flèche, jouisse de toutes les franchises, exemptions & immunités par nous accordées à notre Hôtel de l'École Royale-militaire, conformément aux dispositions portées par notre Édit du mois de janvier 1751.

41.

LEDIT Collége royal, continuera d'être régi en la forme portée par notredit Édit du mois de février 1763, jusqu'au 1.er Octobre prochain, sauf toutefois, en cas qu'il vînt à vaquer une des places de Principal, Sous-principal, Préfets d'études, Professeurs, Régens, Sous-maîtres ou Domestiques, à y être pourvu en la forme preſcrite par nos préſentes Lettres.

42.

PERMETTONS aux Administrateurs dudit Collége royal, de faire mettre ſur la principale porte dudit Collége, nos armes, avec une inſcription portant : *Collége royal*; comme auſſi d'avoir un ſceau à noſdites armes, autour deſquelles ſera gravé, *Collége royal de la Flèche*.

43.

ET feront nos préſentes Lettres exécutées ſelon leur forme & teneur, nonobſtant tous Édits & Déclarations, Lettres patentes, Règlemens, & autres choſes à ce contraires, auxquels nous avons dérogé & dérogeons par ces préſentes. SI DONNONS EN MANDEMENT à nos amés & féaux Conſeillers les Gens tenant notre Cour de Parlement à Paris, que ces préſentes ils aient à faire lire, publier & regiſtrer, & le contenu en icelles garder, obſerver & exécuter ſelon ſa forme & teneur: CAR TEL EST NOTRE PLAISIR; en témoin de quoi nous avons fait mettre notre ſcel à ceſdites préſentes. DONNÉ à Verſailles le ſeptième jour du mois d'avril, l'an de grâce mil ſept cent ſoixante-quatre, & de notre règne le quarante-neuvième. *Signé* LOUIS. *Et plus bas*, Par le Roi. *Signé* LE DUC DE CHOISEUL. Et ſcellées du grand ſceau de cire jaune.

Regiſtrées, oui & ce requérant le Procureur général du Roi, pour être exécutées ſelon leur forme & teneur; & copies collationnées envoyées, tant à l'Univerſité de Paris, pour y être regiſtrées, qu'aux Sénéchauſſées & Bailliage de la Flèche, Angers & Laval, pour y être lues, publiées & regiſtrées : Enjoint aux Subſtituts du Procureur général du Roi eſdites Bailliage & Sénéchauſſées, d'y tenir la main, & d'en certifier la

Cour dans le mois. Ordonne pareillement que copies collationnées def-dites Lettres patentes, seront envoyées aux Bureaux d'administration des colléges de la Flèche & Laval, & inscrites sur les registres des délibérations desdits Colléges, & notifiées par le Substitut du Procureur général du Roi à Angers, au Supérieur du Collége de ladite ville, suivant l'arrêt de ce jour. À Paris, en Parlement, toutes les Chambres assemblées, le onze avril mil sept cent soixante-quatre. Signé DUFRANC.

ORDONNANCE DU ROI,

Portant instruction & règlement pour le Pensionnat de son collége de la Flèche.

Du 9 Octobre 1765.

DE PAR LE ROI.

SA MAJESTÉ, par ses Lettres patentes du 7 avril 1764, ayant établi dans son collége de la Flèche, un pensionnat de deux cents cinquante Gentilshommes, son intention a été que ce pensionnat fût administré sous son autorité immédiate, par le Secrétaire d'État & de ses commandemens, ayant le département de la Guerre, & Elle lui a donné en conséquence ses premiers ordres pour la formation de cet établissement ; il ne lui reste qu'à en régler la discipline, & c'est pour remplir ce soin, qu'après avoir pris l'avis de quelques Membres de son Université de Paris, dont les lumières & l'expérience lui sont connues, Elle a ordonné & ordonne ce qui suit :

PREMIÈRE PARTIE.

Du Principal, du Sous-principal, des Sous-maîtres, & des Domestiques.

DU PRINCIPAL.

ARTICLE PREMIER.

LE pensionnat sera gouverné par le Principal, sous les ordres du Secrétaire d'État ayant le département de la Guerre, suivant & conformément à ce qui sera prescrit ci-après.

2.

UN des principaux soins du Principal, sera d'établir & de maintenir la bonne intelligence entre tous ceux qui doivent concourir avec lui à l'éducation de la jeunesse qui lui est confiée ; & s'il s'élève entr'eux quelques contestations, il emploira ses lumières & sa prudence pour les terminer, sans invoquer une autorité supérieure, à laquelle il ne doit avoir recours qu'après avoir épuisé tous les moyens de conciliation.

3.

IL ne se laissera conduire, dans le choix qui lui appartient, du Sous-principal & des Sous-maîtres, par aucune autre vue que celle du bien général de la Maison, & il ne les destituera pas sans de très-fortes & de très-solides raisons, & sans avoir pris auparavant toutes les mesures que la bonté & la prudence lui suggèreront pour les ramener à leur devoir, ou pour éviter un éclat qui pourroit les déshonorer.

4.

IL veillera, sans interruption, à ce que chacun s'acquitte exactement de ses fonctions, de manière que l'activité & le zèle qu'il apportera dans les siennes, servent d'exemple aux autres, sans leur laisser aucune excuse sur les négligences qu'ils pourroient avoir à se reprocher.

5.

UN des devoirs essentiels de sa place, est de faire aux Élèves des instructions sur la Religion ; celles que les Chapelains du Collége sont chargés de leur faire, ne doivent pas le dispenser d'inspirer lui-même à ses Enfans la connoissance, l'amour de la Religion, & tout ensemble le desir d'en remplir les devoirs. Il placera ses instructions particulières le samedi, pendant la dernière demi-heure qui précède immédiatement le souper ; la veille des grandes fêtes, immédiatement après les vêpres ; & s'il arrive qu'il prenne quelques jours assignés aux Chapelains pour parler à ses Élèves, il aura soin d'en prévenir les Chapelains & de se concilier avec eux.

6.

IL veillera à ce que les Catéchismes soient faits exactement dans les temps marqués, & à la manière dont ils seront faits. Il examinera lui-même les Élèves sur les progrès qu'ils y feront, & il s'attachera de préférence aux plus grands.

7.

IL apportera la plus grande attention à la conduite des Enfans qui seront destinés à recevoir la Confirmation & à faire leur première Communion, & il ne négligera aucuns des moyens qui pourront perfectionner leur instruction & leurs dispositions.

8.

Il assistera tous les jours à la Messe avec ses Élèves, & il fera exécuter avec exactitude tout ce que l'Évêque diocésain jugera à propos de preſcrire sur la conduite & la direction ſpirituelle des Enfans.

9.

Il aura soin d'éloigner de la Maiſon tout livre qui pourroit blesser en quelque manière que ce fût, la Religion, les bonnes mœurs & le Gouvernement : il n'y laiſſera entrer pareillement, ni tableaux, ni eſtampes, ni deſſins capables de blesser la pudeur.

10.

Il viſitera souvent les ſalles d'études, & s'informera du travail & de la conduite de chacun des Élèves en particulier : il fera tous ſes efforts pour leur inſpirer l'émulation, ſans laquelle ils ne feront jamais de progrès.

11.

S'il lui paroît que quelqu'Élève ait beſoin de ſes avis particuliers, dans quelque genre que ce ſoit, il le fera venir dans ſon appartement, & les lui donnera de la manière la plus propre à gagner ſa confiance, & à le faire profiter en particulier de ce qui lui aura été enſeigné en général.

12.

Il viſitera tous les jours les Élèves qui feront dans les infirmeries ; & indépendamment des conſolations qu'il portera dans leur aſile, il ſera attentif à ce qu'il ne leur manque rien.

13.

Si quelqu'un des Sous-maîtres se trouve malade ou incommodé, le Principal le visitera aussi-tôt qu'il en sera averti, lui procurera les secours qui dépendent de lui & le fera remplacer.

14.

Il adressera tous les trois mois au Secrétaire d'État ayant le département de la Guerre, les notes qu'il aura faites pendant le cours du trimestre sur les Élèves, dont il tiendra registre.

15.

Il se conformera au surplus avec la plus grande attention au règlement du Collége, considéré comme institution publique, de manière qu'on ne puisse lui reprocher aucune négligence sur les soins qu'il doit aux Écoliers externes.

DU SOUS-PRINCIPAL.

16.

Le Sous-principal sera nommé par le Principal, & choisi entre des personnes capables de se faire respecter de la jeunesse par leurs vertus, leurs talens, & même par leur extérieur.

17.

En l'absence du Principal, il le remplacera dans les différens exercices du Pensionnat, & en général dans les fonctions qui demandent l'autorité du Chef.

18.

Chargé de veiller tous les Élèves, il fera en sorte qu'ils ne soient jamais abandonnés un moment à eux-mêmes. Il se trouvera donc exactement, & à la minute, à tous les exercices où fa préfence fera néceffaire, & qui pourront fe concilier d'ailleurs avec les devoirs dont il eft chargé dans le Collége, confidéré comme inftitution publique.

19.

IL veillera à l'exécution des règlemens, tant du Collége que du Penfionnat, portera fes regards fur toutes les parties de la maifon, & informera le Principal, dont il eft le repréfentant, de tout ce qui pourra intéreffer le bon ordre.

20.

IL fe trouvera aux récréations qui feront prifes en commun, foit dans la Cour, foit ailleurs : il y préfidera en l'abfence du Principal, & aura foin qu'il s'y trouve des domeftiques pour exécuter fes ordres dans le befoin.

21.

PENDANT la Meffe & le Service divin, auxquels il fera obligé d'affifter, il fera fa ronde & aura foin que les Élèves y foient dans une attitude modefte, refpectueufe, recueillie & avec les livres propres à fixer leur attention & à leur infpirer les fentimens dont ils doivent être pénétrés.

22.

IL vifitera chaque jour les différentes parties de la Maifon, fur-tout celles où fa préfence & fon autorité pourroient être plus néceffaires.

23.

IL fera les inftructions dont le Principal le chargera, & en particulier celles des domeftiques, à qui il donnera les avis dont chacun d'eux pourra avoir befoin. Il fe conformera au furplus à tout ce qui lui fera prefcrit par le

Principal, qu'il doit s'appliquer à seconder dans les fonctions pénibles attachées à son emploi.

24.

LE Sous-principal ne pourra quitter le Collége qu'après avoir donné au Principal tout le temps nécessaire pour le remplacer.

DES SOUS-MAÎTRES.

25.

LE Principal ne choisira pour les places de Sous-maîtres que des sujets bien connus de lui, non-seulement par leur capacité, mais encore par une conduite régulière, une piété solide, beaucoup de prudence, & par le talent de contenir la jeunesse. Il prendra d'ailleurs les ordres de Sa Majesté sur le nombre qu'il conviendra d'en avoir.

26.

LES Sous-maîtres seront en tout subordonnés au Principal, lui porteront honneur & respect, & auront pour ses avis la plus grande déférence.

27.

IL sera remis à chacun d'eux un exemplaire du règlement concernant le Pensionnat, pour qu'ils le fassent exécuter ponctuellement par les Élèves, sans que jamais ils puissent en dispenser ceux qui seront confiés à leurs soins.

28.

ILS iront fréquemment chez le Principal, pour lui rendre compte du caractère, des études, des bonnes & des mauvaises qualités qu'ils remarqueront dans les Élèves.

29.

ILS s'appliqueront à bien connoître les enfans qu'ils feront chargés de conduire, & à gagner leur confiance par des manières douces, & honnêtes, fans néanmoins fe porter à des familiarités qui ne manqueroient pas de faire tort à leur autorité.

30.

L'ART de l'Éducation n'étant pas de punir, mais de prévenir autant qu'il eft poffible les fautes des Élèves, ils fe trouveront toujours les premiers à tous les exercices, & fe feront de leur exactitude & de leur furveillance un premier moyen d'éviter à leurs Élèves beaucoup de fautes qu'une conduite contraire pourroit occafionner.

31.

AVANT que d'employer les punitions humiliantes, ils auront foin de faire précéder les avis particuliers, & généralement tout ce qui peut faire impreffion fur des cœurs fenfibles.

32.

SI quelqu'Élève fe révolte contr'eux, ils n'emploiront pas la violence; mais pour les réprimer, ils auront recours à l'autorité du Principal.

33.

S'ILS découvrent quelque faute grave ou quelque vice capital, ils en rendront compte fur le champ au Principal fans le divulguer, à moins que l'exemple ne foit néceffaire pour fervir d'avertiffemen: aux autres.

34.

QUOIQUE l'on foit naturellement porté à donner des

foins particuliers aux enfans qui ont des dispositions plus heureuses, soit du côté de l'esprit, soit du côté du cœur, ils se souviendront néanmoins qu'ils se doivent à tous, & que ceux en qui ils remarqueront moins de dispositions, n'en ont qu'un plus grand besoin de leur secours.

35.

Ils éviteront également dans leur extérieur, & une gravité trop austère & une bonté trop indulgente ; leurs réprimandes, leurs corrections même, ne seront pas employées sans quelques traits qui, de la part du Maître, annoncent le regret d'y avoir recours, en tempèrent l'amertume pour l'Élève, & lui font naître le desir de mieux faire.

36.

Ils ne se considèreront pas comme des Instituteurs uniquement chargés des études, mais comme des hommes choisis pour maintenir, autant par leur exemple que par leurs paroles, le bon ordre de la Maison, & pour y faire régner l'innocence des mœurs & la piété.

37.

Ils assisteront avec leurs Élèves aux Prières, à la Messe, à l'Office divin & aux Instructions, & ils auront soin qu'ils s'y comportent avec la modestie, le respect & l'attention dûs à de si saints exercices.

38.

Ils accompagneront leurs Élèves & les contiendront dans les réfectoires : ils ne les perdront de vue en sortant des salles d'étude, que quand ils les auront mis entre les mains d'autres Maîtres : pendant les récréations dans la cour ou au parc, ils se joindront au Principal & au Sous-principal pour faire obferver le bon ordre, & ils s'arrangeront de manière qu'il y ait toujours aux récréations un nombre de Sous-maîtres proportionné à celui des Élèves.

39.

ILs éviteront avec foin, dans ce qui concerne les études, tout ce qui pourroit les compromettre ou les brouiller avec les Profeffeurs & Régens, dont ils fuivront la méthode d'enfeigner autant qu'ils le pourront.

40.

LES jours de congé, de dimanches & de fêtes, quand le devoir de claffe fera fait, ils donneront aux Élèves des leçons élémentaires de Géographie & d'Hiftoire, en commençant par l'Hiftoire fainte, & paffant enfuite à l'Hiftoire profane dans l'ordre fuivi par Rollin, & d'après les inftructions qu'ils recevront du Principal, qu'ils confulteront en tout.

41.

ILs feront marcher concurremment l'étude de la Langue latine & celle de la Langue françoife, & ils veilleront avec le plus grand foin à ce que les Élèves écrivent correctement leur Langue naturelle.

42.

ILs faifiront toutes les occafions qui fe préfenteront pendant les récréations, d'entretenir les Élèves d'une manière auffi inftructive qu'agréable, tantôt de piété, tantôt de morale, tantôt d'Hiftoire, tantôt de grands exemples, tantôt de Belles-lettres, & toujours fuivant leur portée, pour leur infpirer, par ce moyen, le goût de folidité & de raifon dans leurs entretiens.

43.

ILS travailleront à inspirer aux Élèves le ton de politesse si rare parmi les jeunes gens, & néanmoins si propre à les faire goûter lorsqu'ils débutent dans le monde ; ce n'est qu'insensiblement que la jeunesse l'acquiert, & la meilleure leçon dans ce genre est l'exemple.

44.

ILS visiteront souvent les livres dont les Élèves feront usage, confisqueront ceux qui seroient dangereux pour les mœurs & pour la Religion, & ne leur laisseront pas même ceux qui seroient simplement inutiles, ou qui pourroient leur donner le goût de frivolité ; ils empêcheront autant qu'ils pourront qu'il ne s'en prête sans leur consentement.

45.

LES enfans ont besoin d'être excités sur le soin d'écrire à leurs parens & de répondre aux lettres qu'ils en reçoivent ; les Sous-maîtres se feront un devoir non-seulement de leur rappeler cette attention, mais encore de les aider & de les diriger dans leur correspondance, & ils se conduiront à cet égard de manière à éviter les plaintes des parens.

46.

ILS veilleront à ce que les domestiques rendent aux Élèves les services qu'ils leur doivent, soit pour la propreté des chambres & des cellules, soit pour la décence de l'habil-lement : ils ne souffriront pas que les domestiques aient des entretiens avec les Élèves, ou qu'ils leur parlent d'une manière grossière & indécente. Si quelque domestique ne tient pas compte des avis qui lui seront donnés sur ses devoirs, les Sous-maîtres en avertiront le Principal pour qu'il y mette ordre.

47.

DÈs que les Sous-maîtres s'apercevront que quelqu'un de leurs Élèves est malade ou incommodé, ils en avertiront le Principal, sans délai, & ils visiteront le plus souvent qu'ils le pourront ceux qu'ils auront à l'infirmerie.

48.

EN général, les Sous-maîtres se conformeront aux principes de conduite qui leur seront donnés par le Principal, & que celui-ci puisera, soit dans sa propre expérience, soit dans le Traité des Études de Rollin, dont la lecture sera particulièrement recommandée à tous les Instituteurs du Collége.

49.

IL sera établi dans l'intérieur du Pensionnat, un Régent de septième, qui y sera logé & nourri comme les Sous-maîtres, indépendamment des appointemens qui lui seront réglés par Sa Majesté.

50.

LE Régent & les Sous-maîtres ne pourront quitter le Collége qu'après en avoir averti le Principal, à qui ils donneront le temps de les remplacer.

DES DOMESTIQUES.

51.

LE Principal ne recevra pour domestiques que des gens de la fidélité, de la religion & de la bonne conduite desquels il se sera bien assuré, soit par des certificats, soit par des informations exactes.

52.

LES domestiques assisteront avec les Élèves aux prières du matin & du soir, au Service divin les dimanches & fêtes, aux instructions générales, autant que leur service le leur permettra. Ils s'acquitteront au surplus de tous les devoirs dont ils sont tenus en qualité de Chrétiens catholiques.

53.

ILS s'acquitteront ponctuellement dans la Maison, de tous les autres devoirs qui entreront dans leur service; & si quelqu'un d'eux y manque, il sera renvoyé après en avoir été averti.

54.

ILS n'auront ni entretiens ni familiarité avec les Élèves, en quelque lieu & en quelque circonstance que ce soit : ils ne se chargeront d'aucune commission pour eux au-dehors & n'en recevront aucune chose, sous quelque prétexte & raison que ce puisse être, à peine d'être renvoyés.

55.

S'ILS aperçoivent quelqu'Élève qui s'écarte du bon ordre ou des réglemens de la Maison, ils en avertiront sur le champ les Sous-maîtres, & même le Principal s'il s'agit de quelque faute grave.

56.

TOUT domestique irréligieux, infidèle, jureur, ivrogne, insolent ou de mauvaise conduite, sera renvoyé de la Maison, sans pouvoir jamais y rentrer.

57.

QUOIQUE les domestiques soient choisis & nommés

par le Principal, ils n'en feront pas moins obligés d'obéir, en tout ce qui concerne le service du Pensionnat, à l'Inspecteur, au Sous-principal & aux Sous-maîtres, à peine d'être renvoyés.

SECONDE PARTIE.

Des Élèves, de la Discipline qui les concerne, de la Police générale & de l'Inspecteur, &c.

DE LA RELIGION ET DES MŒURS.

58.

L'ÉDUCATION ayant pour but principal de former des Chrétiens & des citoyens, on s'appliquera d'abord à inspirer aux Élèves le goût de la Religion Catholique, Apostolique & Romaine, & celui de la vertu, qui ne peut en être séparé.

59.

ON leur remettra souvent devant les yeux ce qu'ils doivent en général au Roi comme ses Sujets, & en particulier l'amour & la reconnoissance dont chacun d'eux doit être personnellement pénétré pour sa Personne sacrée, à laquelle ils sont redevables du bienfait inestimable de leur éducation.

60.

IMMÉDIATEMENT après le lever, les Élèves seront conduits à la Chapelle intérieure pour assister à la prière; ils seront à genoux pendant tout le temps qu'elle durera: ils la prononceront d'une voix haute, distincte & sans précipitation.

61.

ILS affisteront aux Offices, & sur-tout à la Sainte-Messe, avec piété, modestie & attention : ils seront à genoux lorsque le Prêtre descendra au bas de l'autel pour commencer la Messe, debout aux évangiles, à genoux à l'offertoire, debout après la première ablution, lorsque le Prêtre couvre le calice, & à genoux pendant la dernière bénédiction.

62.

ILS seront assis pendant les vêpres, les exhortations & les catéchismes, à l'exception des prières qui commencent & qui finissent ces exercices de piété : ils se lèveront à *Magnificat*, à *Nunc dimittis*, & pendant que le Prêtre lira l'évangile avant l'exhortation. À la fin des Offices, ils seront à genoux pendant que l'on chantera la prière pour le Roi : ils auront grande attention, lorsqu'ils seront assis, d'avoir les pieds par terre, de ne pas les remuer, de ne jamais pousser leurs camarades ; & lorsqu'ils seront à genoux, de se tenir dans une attitude droite, & de ne pas se pencher ni s'appuyer sur les bancs.

63.

ILS ne pourront s'absenter du Service divin que dans le seul cas de maladie ou d'indisposition, & ils n'en pourront sortir qu'avec permission.

64.

QUAND ils assisteront au Service divin, ils auront toujours entre les mains & sous les yeux les livres convenables, quand même ils sauroient par cœur ce qui se chante ou ce qui se récite.

65.

Les Élèves étant entrés dans les salles d'étude, iront en silence & sans bruit prendre les places qui leur seront marquées : ils réciteront à genoux la prière qui commence l'étude : ils s'occuperont ensuite à remplir la tâche ou à faire le devoir qui leur aura été prescrit par le Professeur ou le Sous-maître. Le reste du temps sera employé à repasser la leçon qu'ils viennent de recevoir & à se préparer à celle qui doit suivre.

66.

Tout Élève qui seroit désœuvré ou qui dormiroit pendant l'étude, & qui, averti par le Sous-maître de s'appliquer à ce qui est de son devoir, lui désobéiroit, sous quelque prétexte que ce puisse être, sera réprimandé, & même puni si la nature de la désobéissance l'exige.

67.

Aucun Élève ne pourra sortir des salles qu'après en avoir demandé & obtenu la permission ; il y rentrera le plus tôt possible, & il sera puni s'il s'amuse hors des salles ou qu'il soit convaincu de n'avoir demandé la permission d'en sortir que sous de vains prétextes.

68.

Les Élèves montreront leur devoir au Sous-maître, & lui réciteront leurs leçons au moins un quart-d'heure avant l'entrée des classes. Les Philosophes, après avoir repassé la dernière leçon du Professeur, & s'être mis en état d'en rendre compte, soit en classe, soit dans les conférences particulières, se prépareront à la prochaine leçon.

69.

Lorsque les Sous-maîtres avertiront les Élèves de l'heure où ils doivent prendre la leçon d'écriture, les Élèves sortiront sans bruit deux à deux de la salle d'étude & se rendront en silence, accompagnés d'un domestique, au lieu où le Maître d'écriture donne sa leçon.

DISTRIBUTION DES EXERCICES DE LA JOURNÉE.

Jours de Classe.

70.

À cinq heures & demie, le lever.

À cinq heures trois quarts, la prière, suivie d'une lecture de l'Écriture-Sainte ou de l'Imitation.

À six heures, l'étude.

À sept heures & demie, déjeûner pour les Philosophes.

Pour les Réthoriciens & Humanistes, récitation des leçons & ensuite déjeûner.

À huit heures & un quart, classe pour tous, excepté pour les Philosophes, qui n'entreront qu'à huit heures & demie.

À dix heures & demie, la Messe, qui sera célébrée conformément au mandement de l'Évêque diocésain; l'étude ensuite.

À onze heures trois quarts, le dîner.

À midi & demi, la récréation.

À une heure, l'étude.

À deux heures & un quart, tous entreront en classe, excepté les Philosophes, qui n'entreront qu'à deux heures & demie.

À quatre heures & demie, fin des classes; goûter ensuite.

À cinq heures, l'étude.

À six heures trois quarts, le souper.

À sept heures & demie, la récréation.

À huit heures, la prière, suivie d'une lecture comme celle du matin.

À huit heures & un quart, le coucher.

Jours de Dimanches & Fêtes.

71.

À six heures, le lever.
À six heures & demie, la prière & la lecture.
À six heures trois quarts, le catéchisme.
À sept heures & demie, le déjeûner.
À huit heures, la Messe & l'instruction.
À neuf heures & demie, l'étude.
À onze heures trois quarts, le dîner.
À midi & demi, la récréation.
À une heure & demie, le catéchisme & vêpres ensuite.
Après vêpres, la récréation.
À quatre heures, le goûter.
À quatre heures & demie, l'étude.
À six heures, la récréation.
À six heures trois quarts, le souper.
À sept heures & demie, la récréation.
À huit heures, la prière & la lecture.
À huit heures & un quart, le coucher.

Jours de Fêtes solennelles.

72.

À six heures, le lever.
À six heures & demie, la prière & le catéchisme.
À sept heures & demie, la Messe-basse, le déjeûner ensuite.
À huit heures & demie, la Grand'Messe; l'étude ensuite.
À onze heures trois quarts, le dîner.
À midi & demi, la récréation.
À une heure, vêpres & la prédication.
Les autres exercices, dans l'ordre prescrit à l'article des Dimanches.

73.

À six heures, le lever.

À six heures & demie, la prière & la lecture.

À six heures trois quarts, le catéchisme.

À sept heures & demie, la Messe & ensuite le déjeuner & la récréation.

À neuf heures, l'étude.

À onze heures, la récréation.

À onze heures trois quarts, le dîner.

À midi & demi, la récréation.

À cinq heures, l'étude.

À six heures trois quarts, le souper.

À sept heures & demie, la récréation.

À huit heures, la prière & la lecture.

À huit heures & un quart, le coucher.

En été, on changera la disposition des récréations de l'après-dîner, en ce que l'après-dîner commencera par une étude depuis une heure jusqu'à trois, & le reste sera donné à la récréation jusqu'au souper.

On prendra sur les heures d'étude des jours de congé, le temps nécessaire pour la correspondance des Élèves avec leurs parens : les Sous-maîtres observeront à cet égard ce qui leur sera prescrit par le Principal, & tiendront une note de ceux de leurs Élèves qui écriront, afin que tous écrivent dans un certain espace de temps.

Samedis & veilles des Fêtes.

74.

LES samedis & veilles de Fêtes, les Élèves qui auront à se faire confesser, seront conduits dans la chapelle intérieure du pensionnat immédiatement après le goûter, &

744

ils ne pourront prendre un autre temps pour se confeffer qu'avec la permiffion expreffe du Principal.

75.

Ces mêmes jours à fix heures & un quart du foir, ils s'affembleront dans la même chapelle, où le Principal leur fera une inftruction relative au dimanche ou à la fête fuivante, pour les difpofer à en retirer le fruit.

Du Lever, du Coucher, des Repas & des Récréations.

76.

Les Élèves fe lèveront promptement, modeftement & en filence; ils changeront de linge, fi c'eft jour d'en changer; ils raffembleront leur linge fale, mettront leur col, attacheront leurs jarretières & leurs boutons de manches, chaufferont & boucleront leurs fouliers, mettront leurs habits, & ne fortiront de leurs cellules que lorfque le fon de la cloche ou le Sous-maître de la chambre leur donnera le fignal.

77.

Il ne fera jamais accordé aucune permiffion de refter au lit après les autres; fi quelqu'Élève fe trouve incommodé, il doit être à l'Infirmerie; s'il fe porte bien, il doit fe lever.

78.

Pendant le lever & le coucher, les Élèves n'auront aucun entretien avec les domeftiques, & ne leur parleront que pour le befoin & la néceffité du fervice.

79.

Ils ne pourror , à peine d'être grièvement punis, entrer

entrer dans les cellules de leurs camarades, ni dans une autre chambre que la leur, sous quelque prétexte & dans quelque temps que ce soit.

80.

Si quelqu'un d'eux oublie quelque chose dans sa chambre ou dans la salle d'étude, il ne lui sera jamais permis de l'aller chercher, mais on y enverra un domestique, & l'Élève sera puni s'il récidive.

81.

PENDANT le déjeûner & le goûter, les Élèves se tiendront dans les places que le Sous-maître leur indiquera dans les salles communes, & y demeureront tout le temps prescrit, sans en sortir sous aucun prétexte.

82.

QUOIQU'IL leur soit permis de parler & de converser entr'eux pendant le déjeûner & le goûter, ils ne doivent jamais abuser de cette permission pour crier & faire un bruit qui deviendroit insoutenable s'il étoit universel.

83.

AUCUN Élève ne pourra mettre du pain ou du fruit dans sa poche, pour en manger hors des repas, à peine d'être puni suivant l'exigence de la faute, soit par quelque privation ou autrement.

84.

L'HEURE du dîner & du souper étant arrivée, les Élèves sortiront en silence & deux à deux des salles d'étude, se laveront les mains aux fontaines voisines des réfectoires, entreront dans les réfectoires, y prendront

... place qui leur sera assignée, & se tiendront debout jusqu'à la fin de la bénédiction de la table.

85.

PENDANT ces deux repas, le Principal fera faire une lecture par un des Élèves, ou substituera à cette lecture tel exercice qu'il jugera plus convenable pour l'avancement des Élèves, qui y donneront attention.

86.

LES Élèves se tiendront à table dans une attitude honnête; on ne souffrira en eux ni malpropreté ni dégât de quelque espèce qu'il soit; ils ne refuseront pas le pain qu'on leur présentera, & ils n'en demanderont d'autre qu'après avoir mangé celui qu'on leur aura servi; ils s'accoutumeront à manger de toutes les nourritures, à vaincre les répugnances qu'ils pourroient avoir pour quelques-unes & à ne pas faire de difficultés; les Sous-maîtres, placés aux mêmes tables que les Élèves, veilleront avec attention à l'exécution de cet article, & indépendamment de leur surveillance, le Principal fera faire des rondes.

87.

LE repas fini, chaque Élève, au signal qui en sera donné, ... à ..., tous se lèveront un instant après, & ... de ... faite, ils sortiront des réfectoires sans confusion, en défilant deux à deux par les brisures qui sont au milieu des tables, en sorte que ceux qui sont les plus près de la muraille sortent les premiers.

88.

IMMÉDIATEMENT après le dîner & le souper, les Élèves se rendront à la récréation, &, sous quelque prétexte que ce soit, aucun d'eux ne pourra s'abſenter de l'endroit où elle ſe prend, ſans la permiſſion expreſſe du Principal ou de celui qui tiendra ſa place.

89.

LES jours de claſſe, la récréation ſe prendra dans la cour, ſi le temps le permet, ou dans les chambres communes, ou dans les ſalles d'étude.

90.

ON ne prendra de récréation dans le parc que les jours de congé, & toujours avec la permiſſion du Principal.

91.

LORSQUE la récréation ſera priſe dans le parc, les Élèves ne pourront ſortir, ſous quelque prétexte que ce ſoit, de l'enceinte qui leur ſera marquée.

92.

ILS ne pourront ôter leur habit pendant les récréations, en quelqu'endroit qu'elles ſe prennent, qu'après que le Principal ou le Sous-principal en aura donné l'ordre, & ils reprendront leur habit un demi-quart d'heure avant la fin de la récréation, ſuivant l'ordre qui leur en ſera pareillement donné.

93.

LES Élèves s'abſtiendront, pendant les récréations, de tout ce qui pourroit exciter entr'eux quelque débat, & ceux qui n'y feroient pas attention, ſeront mis aux arrêts dans le lieu même de la récréation.

94.

ON ne permettra pas qu'ils luttent enſemble, qu'ils ſe

jettent par terre, qu'ils se tiraillent au risque de se blesser, de gâter leur habillement & de le déchirer; on punira pareillement des arrêts, même d'une peine plus grave si le cas l'exige, ceux qui contreviendront à cet article.

95.

Les Élèves devant être toujours sous les yeux des Maîtres, il ne leur sera jamais permis de jouer à se cacher, & en général ils ne joueront d'autres jeux que ceux qui leur seront permis par le Principal.

De la Propreté & de la Politesse.

96.

La propreté sera recommandée aux Élèves dans toutes les occasions, par tous ceux qui ont quelque droit sur eux, & on ne négligera aucun moyen de corriger de la malpropreté les enfans qui s'y abandonneront; on ira même jusqu'aux punitions si cela est nécessaire.

97.

Les enfans ayant presque toujours besoin de secours étrangers pour s'entretenir proprement, le Principal veillera à ce qu'il ne manque à ces Élèves aucuns de ceux dont ils auront besoin, & il fera cette attention qu'on ne pourroit s'en prendre qu'à lui-même s'ils étoient négligés & tenus mal-proprement.

98.

Les Élèves rendront à tous ceux qui seront préposés à leur éducation, dans quelque partie que ce soit, des devoirs de respect, de soumission & de déférence. On les accoutumera à avoir entre eux des manières douces, polies & accompagnées des égards que se doivent des enfans également bien nés. On ne permettra pas qu'ils se servent de termes grossiers & indécens, ni qu'ils se donnent de ces sobriquets, lesquels passent souvent avec eux dans le monde, & y deviennent quelquefois des causes de querelles sérieuses. On aura la plus grande attention, non-seulement à ce qu'ils rendent le salut, mais encore à ce qu'ils préviennent tout le monde par le salut : les hauteurs, les dédains, la causticité seront réprimées en eux avec la plus grande sévérité, & de manière à mettre leur éducation à l'abri de tout soupçon de tolérance ou de négligence sur des défauts aussi contraires aux vertus sociales qu'on cherchera à leur inspirer.

99.

IL n'y aura dans les classes du Collége aucune autre distinction que celle de l'uniforme entre les Élèves & les Externes, & il sera singulièrement recommandé aux Élèves, de se comporter avec les Externes avec le même ton de politesse & d'égards qu'ils doivent avoir entre eux dans l'intérieur du Pensionnat.

DE LA POLICE.

100.

LES portes du Pensionnat s'ouvriront le matin à cinq heures & demie, & se fermeront le soir à huit heures depuis la Toussaint jusqu'à Pâques, & à neuf heures le reste de l'année, & les clefs seront portées chez le Principal immédiatement après la clôture.

101.

IL ne sera donné retraite pendant la nuit à aucune

personne du dehors, qu'avec la permission expresse du Principal, & l'entrée de la maison sera interdite pendant le jour à quiconque ne seroit pas connu, ou qui seroit soupçonné de pouvoir y occasionner quelque désordre.

102.

Le Principal n'accordera qu'avec beaucoup de discrétion la permission de visiter la maison, ces sortes de visites de simple curiosité n'étant propres qu'à distraire & à détourner tout le monde du devoir.

103.

Il recevra les parens des Élèves dans son appartement, où les Élèves seront amenés par un domestique, sur l'ordre qu'il en donnera.

104.

Aucun Élève ne pourra coucher hors du Collège, ni même faire des visites en ville, ou y prendre quelque repas, sans la permission du Principal, & qu'il ne soit accompagné par un domestique de la maison : En général, le Principal se rendra fort difficile sur ces sortes de permissions, qui ne seront accordées qu'aux pères & mères, & aux proches parens.

105.

Toute dégradation volontaire faite aux meubles, ustensiles, & même aux bâtimens, sera réparée aux dépens de celui qui la fera ; & si c'est un Élève, il sera puni selon la nature de la dégradation.

106.

On punira de même tout Élève qui détruira ses habits,

ses livres & les autres choses qui sont à son usage, parce qu'on ne peut pas trop réprimer le goût destructeur que les enfans ont assez généralement.

107.

Lorsque la succession des exercices demandera que les Élèves sortent des chambres communes, des salles d'étude, & de tout autre endroit où ils seront assemblés, ils marcheront toujours par deux jusqu'au lieu où ils auront à se rendre. Les Sous-maîtres marcheront à la queue de leurs divisions, & ils auront attention qu'aucun Élève ne s'en écarte & ne se mêle avec une autre division, les Élèves d'une chambre ne devant jamais se confondre avec ceux d'une autre chambre, si ce n'est en récréation, au parc & dans les cours.

108.

Le Principal & le Sous-principal prendront entr'eux les mesures qu'ils jugeront les plus convenables, pour l'arrivée des Élèves dans les classes du Collége & pour leur sortie; & ils feront en sorte, qu'il ne résulte aucun abus de la communication des Élèves avec les Externes.

109.

Les Élèves seront assujettis comme les Externes à la police intérieure des classes.

De l'Inspecteur du Collége, de la réception des Élèves dans le Pensionnat, & de leur sortie.

110.

L'Inspecteur du Collége, établi en vertu des Lettres patentes du 7 avril 1764, tiendra la main à l'exécution du préfent règlement ; & s'il remarque dans le Penfionnat des abus qui y foient effentiellement contraires, il en informera le Secrétaire d'État ayant le département de la Guerre, après avoir pris toutefois les mefures les plus convenables pour y remédier.

111.

IL veillera à ce que les Élèves foient tenus proprement dans leurs chambres, dans les falles d'étude, dans les réfectoires, &c. Il fera fouvent l'infpection de leur habillement, & ordonnera les réparations qui y feront néceffaires.

112.

IL aura foin que la nourriture des Élèves foit toujours de bonne qualité & en quantité fuffifante.

113.

QUAND il y aura des malades aux infirmeries, il les vifitera à différentes heures de la journée, pour d'autant mieux s'affurer fi rien ne leur manque. Il y fera tranfporter les Sous-maîtres qui feront malades, l'intention de Sa Majefté étant, que tous ceux qui font logés & nourris dans le Penfionnat, y foient foignés dans leurs maladies aux dépens du Collége.

114.

IL examinera les différentes dépenfes du Penfionnat, & il en certifiera les états fuivant & conformément aux inftructions détaillées qu'il a reçues, & qui pourront lui être données dans la fuite relativement à la comptabilité.

115.

AUCUN Élève ne fera reçu dans le Penfionnat, qu'en vertu d'un ordre de Sa Majefté adreffé au Principal.

116.

ON n'en recevra aucun, non plus, que fa bonne conformation n'ait été conftatée par un procès-verbal du Médecin & du Chirurgien du Collége ; & s'il s'élève à cet égard quelque difficulté, il en fera rendu compte au Secrétaire d'État ayant le département de la Guerre.

117.

APRÈS que la bonne conformation des Élèves qui fe préfenteront aura été conftatée, ils feront admis dans le Collége & infcrits par l'Infpecteur fur fes regiftres, fuivant l'ordre qui en a été établi par Sa Majefté, & qui continuera d'être obfervé jufqu'à ce qu'il lui plaife d'en ordonner autrement.

118.

AUCUN Élève ne pourra quitter le Penfionnat, foit pour retourner chez fes parens, foit pour paffer à l'École Royale-militaire, qu'il n'en ait obtenu la permiffion de Sa Majefté, & fa fortie fera infcrite fur les regiftres du Collége.

MANDE & ordonne Sa Majefté au fieur Duc de Choifeul-d'Amboife, Miniftre & Secrétaire d'État & de fes Commandemens, ayant le département de la Guerre & de la Marine, & au Commiffaire établi pour l'exécution de fes ordres dans ledit Penfionnat, de tenir la main à l'exécution de la préfente ; dont les difpofitions feront obfervées, chacun en ce qui les concerne, par l'Infpecteur, le Principal, le Sous-principal, les Sous-maîtres, &c. FAIT à Fontainebleau le neuf octobre mil fept cent foixante-cinq. *Signé* LOUIS. *Et plus bas,* LE DUC DE CHOISEUL.

LETTRES PATENTES DU ROI,

Pour l'Affiliation du collège royal de la Flèche à l'Université de Paris.

Données à Versailles le 7 Avril 1767.

Registrées en Parlement le 5 Mai audit an.

LOUIS, PAR LA GRÂCE DE DIEU, ROI DE FRANCE ET DE NAVARRE: A tous ceux qui ces présentes Lettres verront; SALUT. En confirmant par nos Lettres patentes du 7 avril 1764, l'établissement de notre collége de la Flèche, nous nous sommes proposés, non-seulement d'en faire un asyle pour les enfans de la Nobleffe indigente de notre royaume, mais encore de donner fucceffivement à cette École, toute la célébrité qui convient à fon origine & à fa deftination : Mais comme la célébrité confifte moins dans l'éclat des titres qui décorent une inftitution, que dans la réputation qu'elle acquiert par fes fuccés, nous avons penfé que le meilleur moyen que nous euffions de préparer & d'accélérer ceux de notre Collége, étoit d'affocier fes études à celles de notre Univerfité de Paris : C'eft dans le fein de cette mère des Lettres, que nous avons déjà voulu que fes Maîtres fuffent choifis; il nous reftoit à en foumettre l'enfeignement à fon infpection, & à faire participer fes Élèves aux avantages dont jouiffent ceux de notre Univerfité. Nous avons vu avec fatisfaction que notre Univerfité a été à cet égard, au-devant de nos intentions; après avoir projeté, par les foins de quelques-uns de fes

principaux Membres, le règlement que nous faisons exécuter par provision dans notre Collége, elle s'est portée
par une délibération solennelle de la Faculté des Arts, à
en adopter les études philosophiques, de la même manière
& pour le même temps que les études faites dans ses
propres Colléges; & à admettre à la Maîtrise-ès-arts,
après les examens ordinaires, les sujets qui en seroient
jugés capables : Empressés de faire jouir de cette adoption
les Élèves de notre Collége, soit Pensionnaires, soit
Externes, nous avons résolu de la fixer par notre autorité,
& d'en régler les conditions. A CES CAUSES, &
autres à ce nous mouvant; de l'avis de notre Conseil,
& de notre certaine science, pleine puissance & autorité
Royale, Nous avons dit, déclaré & ordonné; & par ces
présentes signées de notre main, disons, déclarons &
ordonnons, voulons & nous plaît ce qui suit :

ARTICLE PREMIER.

LES Étudians de notre Collége de la Flèche, après
avoir fait leur cours de Philosophie dans notredit Collége, pourront se présenter aux examens dans les écoles
des Nations de notre Université de Paris; & s'ils en sont
jugés capables, ils seront admis à la Maîtrise-ès-arts,
aux mêmes conditions & suivant les mêmes formes que
pour les Candidats qui ont étudié dans les colléges de
l'Université.

2.

IL sera par nous pourvu dorénavant aux chaires
vacantes dans notredit Collége, sur la seule présentation
qui sera faite par le Recteur de ladite Université, à celui
de nos Secrétaires d'État ayant le département de la
Guerre, de la liste des Agrégés affectés à la classe qui

fera à remplir, suivant & conformément à nos Lettres patentes du 10 août dernier, concernant les Agrégés de la Faculté des Arts.

3.

LE Principal dudit Collége, sera par nous choisi à l'avenir, parmi les Maîtres-ès-arts de notredite Université, qui joindront à la pureté des mœurs & à leur attachement à la Religion, une capacité publiquement reconnue, tant pour l'enseignement que pour le gouvernement.

4.

QUANT au Principal, & aux Professeurs & Régens actuellement existans dans ledit Collége, qui n'auroient pas encore obtenu le degré de Maîtres-ès-arts de notre Université de Paris, ou qui l'ayant obtenu, ne seroient pas encore immatriculés dans quelqu'une des Nations qui composent la Faculté des Arts, ils seront tenus de se présenter avant le mois de Novembre prochain, soit pour y être immatriculés, s'ils sont déjà Maîtres-ès-arts de ladite Université, soit pour y être cooptés & ensuite immatriculés, suivant les statuts & les formes ordinaires, au cas qu'ils n'aient obtenu ni l'une ni l'autre qualité ; faute de quoi les certificats d'études qu'ils délivreront, seront nuls & de nulle valeur. Voulons au surplus que le présent article n'ait lieu que pour le Principal, les Professeurs & Régens qui occupent actuellement des chaires dans ledit Collége, & ne puisse tirer à aucune conséquence pour l'avenir.

5.

LES Professeurs de Philosophie de notredit Collége,

feront tenus de dreffer deux fois par an, en Décembre & en Avril, des catalogues, où les noms de leurs Écoliers feront écrits de la main de chaque Écolier; & d'envoyer lefdits catalogues, par eux certifiés véritables, & contre-fignés par le Principal, au greffe de notredite Univerfité, ainfi qu'il fe pratique dans les colléges de l'Univerfité.

6.

L'ENSEIGNEMENT & les exercices des claffes de notredit Collége, feront conformes en tout, à l'enfeigne-ment & aux exercices des claffes de notredite Univerfité; à l'effet de quoi le Principal, les Profeffeurs & Régens de notredit Collége, feront foumis, à cet égard feule-ment, à l'infpection, autorité & juridiction de notredite Univerfité.

7.

POUR affurer l'exécution de l'article précédent, vou-lons que tous les ans, il foit nommé par le Tribunal de la Faculté des Arts de notredite Univerfité, un Commif-faire académique que nous autorifons à fe tranfporter dans ledit Collége, pour y dreffer procès-verbal, con-cernant l'ordre & la difcipline des études feulement, & y corriger provifoirement les abus qui pourroient s'y être gliffés. Ledit Commiffaire en référera à fon retour, audit Tribunal, lequel adreffera à notredit Secrétaire d'État, une copie en forme dudit procès-verbal, avec fes obfer-vations; nous réfervant au furplus de pourvoir aux frais dudit Commiffaire, foit fur les revenus du Collége, foit autrement.

8.

LE Principal, les Profeffeurs & Régens de notredit

Collége, ne pourront, en cette qualité, ni pour raison de la coopération ou immatriculation mentionnées en l'article IV, ni sous tout autre prétexte que ce soit, prétendre au privilége du *Septennium*, dont jouissent les Principaux & les Professeurs de notredite Université, ni partager avec eux, en tout ou en partie, les revenus du Vingt-huitième du bail des Postes & Messageries du royaume. N'entendons néanmoins priver ceux desdits Professeurs & Régens que nous avons choisis & nommés depuis le mois d'avril 1764, de l'avantage de l'égibilité qu'il a été dans notre intention de leur réserver par l'article III du titre X du Règlement annexé à nos Lettres patentes du 10 août dernier.

9.

L'AFFILIATION ou agrégation de notredit Collége à l'Université de Paris, n'aura lieu que pour les études de Grammaire, de Rhétorique & de Philosophie, notre intention n'étant pas que l'effet en soit porté plus loin. Voulons que ce privilége ne subsiste qu'autant que le Principal, les Professeurs & Régens de notredit Collége, seront vraiment académiques, en se conformant à ce que nous avons ordonné ci-dessus, & qu'ils ne seront d'aucuns des Corps de Congrégations que notredite Université n'a pas admis dans son sein. Voulons en outre que le privilége que nous accordons à un Établissement unique dans son espèce, ne puisse tirer à conséquence pour aucun autre établissement étranger à notredite Université. SI DONNONS EN MANDEMENT à nos amés & féaux Conseillers les Gens tenant notre Cour de Parlement à Paris, que ces présentes ils aient à faire lire, publier & registrer; & le contenu en icelles garder, observer &

exécuter selon sa forme & teneur : CAR TEL EST
NOTRE PLAISIR ; en témoin de quoi nous avons fait
mettre notre scel à cesdites présentes. DONNÉ à Versailles
le septième jour du mois d'avril, l'an de grâce mil sept
cent soixante-sept, & de notre règne le cinquante-deuxième.
Signé LOUIS. *Et plus bas,* Par le Roi. *Signé* LE DUC
DE CHOISEUL. Et scellées du grand sceau de cire jaune.

*Registrées, ouï, ce requérant le Procureur général du Roi, pour
être exécutées selon leur forme & teneur ; & copie collationnée envoyée
en la Sénéchaussée de la Flèche, pour y être lûes, publiées & registrées :
Enjoint au Substitut du Procureur général du Roi, d'y tenir la main,
& d'en certifier la Cour dans le mois, suivant l'arrêt de ce jour.
A Paris, en Parlement, les Grand-Chambre & Tournelle assemblées,
le cinq mai mil sept cent soixante-sept. Signé* YSABEAU.

ARRÊT
DU CONSEIL D'ÉTAT DU ROI,

Portant règlement pour le Collége royal de la Flèche.

Du 8 Août 1767.

Extrait des Registres du Conseil d'État.

LE ROI voulant établir dans son collége de la Flèche,
les principes d'administration, d'économie, d'ordre & de
discipline, auxquels Sa Majesté s'est réservé de pourvoir
par ses Lettres patentes du 7 avril 1764, portant confirmation de ce Collége ; Sa Majesté a autorisé le Bureau
qui en a le gouvernement, sous l'autorité & l'inspection
du Secrétaire d'État ayant le département de la Guerre,

à lui envoyer un projet de règlement. Ce projet a été communiqué, de sa part, au Recteur de l'Université de Paris, & à quelques-uns des anciens & des principaux Membres de ce Corps, pour qu'ils y fissent les augmentations & les changemens que leurs connoissances & leur expérience en pareille matière, pourroient leur suggérer. Quoique Sa Majesté eût tout lieu d'être satisfaite du travail qu'ils lui ont fait présenter, il lui a paru néanmoins qu'avant de l'adopter définitivement, il convenoit à la sagesse de ses vues de n'en faire exécuter les dispositions que provisoirement, en laissant au Bureau la liberté de lui envoyer les observations dont ces dispositions lui paroîtroient susceptibles dans l'usage. Tel a été l'objet des articles de règlement, arrêtés par le Secrétaire d'État ayant le département de la Guerre, le 9 du mois d'octobre 1765, & qu'il a adressés, en conséquence des ordres de Sa Majesté, au collége de la Flèche, pour y être exécutés provisoirement. Le Bureau ayant recueilli depuis les avis des différens Ordres qui composent cet établissement, & rempli par ses observations particulières, tout ce que Sa Majesté attendoit à cet égard, de ses soins & de son zèle; Sa Majesté se trouve en état actuellement de mettre la dernière main à un ouvrage qui intéresse autant son Collége. A quoi voulant pourvoir; Oui le rapport; SA MAJESTÉ ÉTANT EN SON CONSEIL, a ordonné & ordonne ce qui suit:

ARTICLE PREMIER.

ADMINISTRATION.

LE collége royal de la Flèche, considéré comme institution publique, sera régi & administré, sous l'inspection & les ordres du Secrétaire d'État ayant le département

de la

de la Guerre, par le Bureau qui y a été établi en conféquence des Lettres patentes de Sa Majefté du 7 avril 1764, portant confirmation dudit Collége.

2.

LE penfionnat établi dans ledit Collége, pour l'éducation gratuite de deux cents cinquante Gentilshommes, étant à la charge de Sa Majefté, & ne pouvant être comparé avec aucun autre par fa conftitution particulière, ledit Penfionnat fera régi & gouverné par le Principal, fous les ordres du Secrétaire d'État ayant le département de la Guerre, à qui feul il en rendra compte; Sa Majefté fe réfervant d'ailleurs de régler les dépenfes & la difcipline dudit Penfionnat.

3.

DANS le cas où la charge de Lieutenant général & celle de Procureur du Roi en la fénéchauffée de la Flèche, feroient vacantes, le Lieutenant général fera remplacé dans le Bureau par le Lieutenant particulier, & le Procureur du Roi par celui des Officiers du fiége qui en fera les fonctions; les Lettres patentes du 7 avril 1764, feront d'ailleurs exécutées felon leur forme & teneur, en ce qui concerne la compofition dudit Bureau.

4.

AUCUN Membre du Bureau, à l'exception de l'Évêque diocéfain, ne pourra y être repréfenté, en cas d'abfence, qu'en vertu des ordres particuliers de Sa Majefté.

5.

TOUS les Eccléfiaftiques employés dans ledit Collége,

à quelque titre que ce foit, ne pourront repréfenter l'Évêque diocéfain dans le Bureau.

6.

LE Bureau s'affemblera deux fois par mois, & le jour en fera fixé d'une affemblée à l'autre, pour que tous les Membres qui le compofent, en foient prévenus & puiffent s'y trouver : il fera fait fur le regiftre, mention de chacune des affemblées qui feront tenues, même de celles où il n'y auroit pas matière à délibérer, laquelle mention fera fignée de tous ceux qui y feront préfens.

7.

SI dans l'intervalle d'une affemblée à l'autre, il fe préfente quelque affaire preffante, le Bureau fera convoqué extraordinairement par le Préfident, foit de fon propre mouvement, foit à la réquifition de tel Membre du Bureau que ce foit : les lettres, paquets & dépêches qui feront adreffés à l'Adminiftration dans l'intervalle des affemblées, feront ouverts par le Préfident, en préfence de l'Infpecteur ; & le Bureau fera affemblé extraordinairement, s'il s'y trouve, ou des ordres dont l'exécution ne puiffe pas être différée, ou des affaires dont l'expédition demande célérité.

8.

IL ne fera arrêté dans le Bureau aucune délibération fur des matières importantes, telles qu'aliénations, rembourfemens, baux généraux, adjudications de bois, police générale du Collége, &c. qu'il n'en ait été rendu compte au Secrétaire d'État ayant le département de la Guerre, qui prendra les ordres de Sa Majefté dans tous les cas où cela fera néceffaire ; le fecret des délibérations fera d'ailleurs gardé avec le plus grand scrupule par tous les Membres qui composent le Bureau.

9.

LE Bureau ne pourra s'assembler que dans une des salles du Collège, & les délibérations qui y feront prises, ne feront signées que par ceux qui feront présens aux assemblées; à l'effet de quoi lesdites délibérations feront arrêtées & signées sur le registre, sans déplacer.

10.

LORSQU'IL y aura diversité d'opinions dans le Bureau, lesdites opinions feront toujours réduites à deux avis, & en cas de partage, l'avis de celui qui présidera, aura la prépondérance; mais dans ce cas, les délibérations ne feront exécutées, qu'après avoir pris les ordres du Secré-taire d'État de la Guerre, si cette communication est requise par ceux dont l'avis ne prévaudra pas.

11.

LE Bureau ne pourra délibérer, qu'autant qu'il fera composé de cinq Administrateurs au moins, & si ce nombre ne se trouvoit pas à une assemblée, soit ordi-naire, soit extraordinaire, il en fera fait mention sur le registre.

12.

AU commencement de chaque mois, le Secrétaire du Bureau délivrera à l'Inspecteur une copie certifiée, des délibérations prises dans le cours du mois précédent, & ladite copie fera adressée au Secrétaire d'État de la Guerre, par l'Inspecteur.

13.

LES personnes que Sa Majesté jugera à propos de députer pour l'exécution de ses ordres dans son Collége, pourront requérir le Président d'assembler le Bureau, où elles seront reçues avec les distinctions dûes à leur mission.

14.

LE Receveur du Collége tiendra un registre-journal, dans la forme prescrite par l'article I.ᵉʳ de l'Édit du mois de juin 1716; ce registre sera relié, coté, signé sur les premier & dernier feuillets, & paraphé seulement sur tous les autres feuillets, par celui qui présidera au Bureau, & par un autre Administrateur qui sera nommé à cet effet, & ils en dresseront procès-verbal en tête dudit registre.

15.

LE Receveur écrira sur ce registre, jour par jour, de suite & sans aucun blanc ni transposition, toutes les parties de recette & de dépense qu'il fera, même par à-comptes, pour le fait de sa commission, de manière qu'en arrêtant son journal, on puisse dans toutes les occasions où il en sera besoin, connoître sa situation.

16.

CHAQUE article de sa recette & de sa dépense, sera numéroté, depuis n.° 1.ᵉʳ jusqu'au numéro où ses enregistremens d'une même année pourront le conduire; il énoncera dans le texte de chaque article de recette ou de dépense, le nom & la qualité de celui de qui il recevra ou à qui il payera, le montant en toutes lettres, & sans chiffres, du payement qu'il fera ou qui lui sera fait,

& il ne portera sur son journal aucune partie étrangère à sa commission.

17.

Il remettra au Bureau, à la première assemblée de chaque mois, un bordereau, de lui certifié, de ses recettes & dépenses du mois précédent; le restant en caisse à la fin d'un mois, sera le premier article de recette du bordereau du mois suivant, de même que l'avance où pourroit être le Receveur à la fin d'un mois, composera le premier article de dépense du mois suivant; & pour justifier de la vérité de ses bordereaux, il représentera au Bureau son registre-journal; il sera envoyé copie de ce bordereau au Secrétaire d'État de la Guerre, par l'Inspecteur.

18.

Il présentera au Bureau, dans le mois de Janvier, ou au plus tard dans le mois de Février de chaque année, le compte général de l'année précédente; la recette & la dépense de ce compte, seront divisées en chapitres, selon la nature & l'espèce des recettes & des dépenses; la partie de la recette, de même que celle de la dépense, sera terminée par une récapitulation des chapitres qui la composeront, & le compte général sera fermé par un état final, où l'on balancera la masse de la recette avec celle de la dépense; ledit compte sera présenté en deux doubles, l'un pour l'administration & l'autre pour le comptable; & il en sera envoyé une copie au Secrétaire d'État de la Guerre, par l'Inspecteur du Collége, immédiatement après qu'il aura été arrêté; au moyen de ce compte général & du bordereau qui sera fourni chaque mois, le Receveur sera dispensé de compter par bref-état dans le cours de l'année.

19.

Le Bureau arrêtera tous les mois, pour chacun des différens ordres qui composent le Collége, un état des honoraires, appointemens ou gages dont le Collége est chargé ; il en ordonnera le payement sur le Receveur, qui retirera pour sa décharge, le reçu de chacun de ceux qui y seront compris, par ce seul mot écrit à la marge de leur article : *Reçu*, & leur signature.

20.

Les mémoires & états des autres dépenses, telles que celles de l'ameublement, de la table commune, des réparations, &c. seront présentés au Bureau, à mesure que le payement en sera exigible, & il en ordonnera le payement en un ou plusieurs termes, selon que la situation du Collége le permettra.

21.

Le Receveur ne payera aucun à-compte aux Fournisseurs, Entrepreneurs, Ouvriers & autres, qu'en vertu des ordres du Bureau, qui lui seront rapportés pour sa décharge.

22.

Il ne sera accordé d'à-comptes, en matière de réparations, que sur les certificats de l'Expert du Collége ; & il en sera usé de même pour toutes les parties de dépenses qui seront dirigées par l'Inspecteur du Collége ou par d'autres.

23.

Le Bureau n'ordonnera aucune dépense extraordinaire, telles que gratifications, aumônes, constructions nouvelles, &c. fans en informer le Secrétaire d'État de la Guerre, qui prendra les ordres de Sa Majesté.

24.

Les payemens que fera le Receveur, pour les dépenses ordinaires, ne feront pas ordonnés par délibérations, mais par des ordres fimples qui feront fignés par cinq Adminiftrateurs au moins; il fera tenu un regiftre particulier de ces ordres, & pour que le Receveur puiffe faire la diftinction des dépenses dans fon compte général, les ordres de payemens qui feront délivrés fur lui, ne confondront jamais une efpèce de dépenses avec une autre.

25.

Les demandes, les repréfentations, les plaintes qui feront portées au Bureau, n'y feront reçues que par Mémoires, fans que ceux qui les préfenteront puiffent être préfens aux délibérations.

26.

RELIGION.

La jeuneffe admife dans ledit Collége, y fera formée avec une attention particulière à la connoiffance & à la pratique de la Religion Catholique, Apoftolique & Romaine, ainfi qu'au refpect & à l'obéiffance dûs à l'Églife, à fes Pafteurs, en particulier au Père commun des Fidèles & à la perfonne facrée du Roi.

27.

Le Principal veillera avec la plus grande attention à ce que tout ce qui fera réglé par l'Évêque diocéfain, concernant le fervice divin, les inftructions, les

catéchiſmes, la fréquentation des Sacremens, &c. ſoit
exactement exécuté.

18.

Les Dimanches & les Fêtes, les Profeſſeurs & Régens,
aſſiſteront avec leurs Écoliers à la grand'meſſe & aux
vêpres qui ſe diſent dans la chapelle du Collége, à moins
que des empêchemens légitimes ne le leur permettent pas;
auquel cas ils en préviendront le Principal, qui fera ſup-
pléer à leur abſence, de manière que leurs Écoliers ſoient
ſurveillés & ne puiſſent pas ſe diſpenſer eux-mêmes de
ces offices.

19.

Les Profeſſeurs & Régens de Rhétorique & d'Humanités, ajouteront aux leçons ordinaires, une leçon de
l'Écriture-Sainte ou du catéchiſme du diocèſe; ils feront
mettre en tête de chaque copie des Écoliers, un verſet
du livre intitulé, *maximes de l'Écriture-Sainte*; ils feront
réciter ce verſet chaque claſſe, & ils en donneront une
courte explication : le ſamedi, pendant la dernière demi-
heure de la claſſe du ſoir, ils feront réciter la totalité des
verſets appris ſéparément pendant la ſemaine, & ils en
répéteront l'explication; quant aux Profeſſeurs de Philoſophie, ils expliqueront le ſamedi l'épître ou l'évangile
du lendemain.

20.

ENSEIGNEMENT ET POLICE DES CLASSES.

Les Profeſſeurs & Régens ſe conformeront dans
l'enſeignement, au plan d'études de l'Univerſité de Paris;
& tous, ſans exception, porteront la robe académique
lorſqu'ils feront dans l'exercice de leurs fonctions.

31.

LE choix des livres claſſiques ſera fait par les Profeſſeurs & Régens, de concert avec le Principal ; on choiſira,
pour chaque claſſe, parmi ceux qui ſont indiqués dans le
plan de l'Univerſité pour chacune d'elles. Le catalogue
manuſcrit des Auteurs qui auront été choiſis pour chaque
claſſe, ſera préſenté au Bureau, dans celle de ſes aſſem-
blées qui précédera immédiatement les vacances, & ce
catalogue ſera imprimé & affiché par les ſoins du Bureau.

32.

LES Profeſſeurs & Régens feront faire, au moins une
fois par an, à pluſieurs de leurs Écoliers un exercice public
ſur le travail de l'année ; le Profeſſeur de Phyſique fera
ſoutenir des thèſes publiques pendant le carême, & d'autres
dans le mois de Juillet ; & celui de Logique de pareilles
thèſes dans la quinzaine après Pâques & dans les premiers
jours du mois d'Août.

33.

LE Principal annoncera, ou fera annoncer dans les
claſſes, vers la fin de l'année ſcholaſtique, les jours où
les Écoliers compoſeront pour les Prix.

34.

LE Principal avec le Profeſſeur de chaque claſſe, &
celui de la claſſe ſupérieure, feront, dans chaque genre,
le triage des dix meilleures compoſitions ; ils adjugeront
le premier Prix à celle qu'ils jugeront la meilleure de
toutes, & le ſecond prix à celle qui l'emportera ſur les
neuf autres ; les *acceſſit* ſeront diſtribués entre les huit
dernières, ſuivant l'ordre de perfection qu'elles auront :

le Régent de Seconde sera l'examinateur-tiers des compositions de Rhétorique.

35.

LA distribution des Prix fondés par Louis XIV, se fera dans l'un des dix premiers jours du mois d'Août, & sera précédée d'un exercice de Rhétorique ou d'Humanités, auquel seront invités le Bureau d'administration, les Officiers des différentes compagnies & les principaux Habitans de la ville; il ne sera jamais donné pour Prix que des Livres dûment approuvés, & propres à former l'esprit & le cœur des Écoliers.

36.

LES Professeurs & Régens s'assembleront une fois par mois, & même plus souvent, s'il est nécessaire, chez le Principal, pour conférer avec lui sur les différentes parties des études & de l'enseignement, & pour aviser de concert aux moyens les plus efficaces & les plus uniformes que faire se pourra, de procurer l'avancement de la jeunesse; ils donneront tous leurs soins à l'exécution de ces moyens, chacun dans leur classe, & le Principal tiendra la main à leur exécution dans tout le Collége.

37.

QUELQUES jours avant les vacances, le Principal & le Professeur de chaque classe examineront tous les Écoliers, pour juger s'ils sont capables d'être admis à la classe supérieure : en cas d'avis différens, ils seront départagés par le Professeur de Rhétorique; & si c'est lui qui se trouve d'avis différent avec le Principal, ils seront départagés par le Régent de Seconde : le dernier jour on nommera publiquement ceux qui devront être admis dans une

claſſe ſupérieure, avec plus ou moins de diſtinction, &
quelquefois avec éloge ; les Écoliers qui ſe trouveront
trop foibles, ſeront laiſſés douteux, pour être examinés
de nouveau, & dans la même forme après les vacances.

38.

LES Écoliers externes qui ſe préſenteront pour étudier
dans le Collége, ſeront examinés dans la même forme
par le Principal & le Profeſſeur de la claſſe dans laquelle
ils demanderont à entrer, ſauf néanmoins à faire pendant
l'année, & notamment après les deux premières compoſitions qui ſeront faites dans le courant du premier mois
de l'ouverture des claſſes, & toujours en obſervant la
même forme, tel changement qu'il ſeroit jugé néceſſaire
pour l'avancement des Écoliers, principalement des Gentilshommes-élèves, deſtinés à paſſer à l'École Royale-
militaire à l'âge de quatorze ans ; à l'égard deſquels,
l'intention de Sa Majeſté eſt qu'il ſoit fait des exceptions
ſuivant leurs diſpoſitions & leur âge.

39.

TOUT Écolier admis pour une claſſe, n'y ſera reçu
qu'avec la permiſſion par écrit du Principal, qui tiendra
regiſtre des externes, en y faiſant mention de leur demeure :
toutes les fois que les Écoliers en changeront, ils ſeront
tenus de l'en avertir.

40.

SI, lors des examens preſcrits par les articles précédens,
quelques Écoliers étoient jugés abſolument incapables de
ſuivre le cours des études, les parens en ſeront avertis par
le Principal, qui pourra enſuite renvoyer leſdits Écoliers,
ſi les parens ne les retirent pas.

41.

Les réprimandes & les châtimens dans l'intérieur des classes, seront laissés à la prudence des Professeurs & Régens; ils éviteront une indulgence aveugle qui pardonne ce qui doit être puni, & une inflexibilité trop austère qui donne aux Écoliers plus d'éloignement pour leurs Maîtres, que pour les fautes même qu'ils ont faites.

42.

Ils ne pourront envoyer leurs Écoliers, à titre de punition, dans une classe inférieure ; mais ils auront la liberté des les faire sortir de leur classe, même de les renvoyer pour quelques jours, en observant néanmoins d'en prévenir le Principal, qui en informera sur le champ les parens : si cette punition ne corrige pas l'Écolier, le Principal en sera averti de nouveau par le Professeur ou Régent ; & enfin l'Écolier sera renvoyé, si l'autorité réunie du Principal & du Professeur n'opère aucun changement en lui.

43.

Si les Écoliers inappliqués, paresseux, ou sans dispositions marquées, demandent de la part des Professeurs & Régens de la patience & de l'indulgence, ils ne peuvent éloigner trop tôt de leurs classes ceux qui seroient capables par leurs vices & leurs mauvaises mœurs de corrompre les autres ; s'ils en ont de cette espèce, ils en instruiront le Principal, qui, de concert avec eux, ne tardera pas à les renvoyer.

44

Le Principal, dans le compte qu'il rendra au Bureau,

de la fituation du Collége, ne négligera pas d'y expofer les motifs qui détermineront les Profeffeurs & Régens à purger leurs claffes de certains Écoliers externes, afin que le Bureau étant inftruit de ces motifs, puiffe non-feulement rendre juftice aux bonnes intentions des Profeffeurs & Régens, mais encore fe tenir en garde contre les plaintes des parens, qui fouvent n'ont aucune attention fur leurs enfans, & ne les envoient au Collége que pour s'en débarraffer, jufqu'à ce qu'ils aient atteint l'âge de faire autre chofe.

45.

LA police générale des claffes appartiendra au Principal; & la police particulière de chacune d'elles à chacun des Profeffeurs & Régens.

46.

L'OUVERTURE des claffes fe fera à la Saint-Remi, fuivant l'ufage de l'Univerfité de Paris, en commençant par la célébration de la Meffe du Saint-Efprit; il fera enfuite prononcé un difcours latin, alternativement par l'un des Profeffeurs & Régens de Philofophie & d'Humanités, jufques & compris celui de Troifième : le nom du Profeffeur ou Régent qui fera défigné pour faire ce difcours, fera infcrit à la tête du catalogue des Livres claffiques, qui fera arrêté par le Bureau, dans celles de fes affemblées qui précédera immédiatement les vacances; les Adminiftrateurs du Collége, les Juges du lieu, les Officiers municipaux & les principaux habitans feront invités à ce difcours.

47.

TOUTES les claffes, excepté celle de Mathématiques,

entreront le matin à huit heures & un quart, & le soir à deux heures & un quart; les unes & les autres sortiront le matin à dix heures & demie, & le soir à quatre heures & demie. La classe de Mathématiques s'ouvrira le matin à sept heures & demie, & finira à huit heures & un quart; l'après-dîner, elle commencera à une heure & un quart, & finira à deux heures & un quart.

48.

APRÈS la classe du matin, tous les Écoliers indistinctement se rendront à la chapelle pour y assister à la Messe fondée par le roi Henri IV, de glorieuse mémoire; & ils y seront conduits par le Principal, le Sous-principal, les Professeurs & Régens qui les y surveilleront.

49.

LES Professeurs & Régens seront exacts à entrer dans les classes à l'heure prescrite par l'article 47, & à les tenir jusqu'au moment où elles doivent finir; elles commenceront & finiront par les prières prescrites par l'Évêque diocésain.

50.

LES Professeurs & Régens ne pourront se faire remplacer qu'en cas de nécessité, & par une personne agréée du Principal. S'ils sont à l'infirmerie, le Principal les remplacera ou les fera remplacer par le Sous-principal ou un Sous-maître, ou par telle autre personne qu'il jugera à propos.

51.

LE Principal visitera les classes quand il le jugera nécessaire, & au moins quatre fois par an. Il distribuera deux ou trois fois dans l'année des Prix aux Écoliers, qui, au jugement & au rapport des Profeſſeurs & Régens les auront le plus mérités, tant par leurs ſuccès que par la régularité de leur conduite. Il en diſtribuera également ſur les témoignages des Chapelains, aux Écoliers qui ſe diſtingueront dans les catéchiſmes par leur application, leur aſſiduité & leur docilité. Le Bureau pourvoira à la dépenſe de ces Prix, à la diſtribution deſquels il pourra ſe trouver, ſoit en corps, s'il le juge à propos, ſoit par quelques-uns de ſes Membres ſeulement, ſur l'invitation qui lui en ſera faite par le Principal.

§ 2.

On veillera à ce que les Écoliers n'apportent en claſſe que leurs livres, leurs cahiers & leurs écritoires. Pour qu'on ne les confonde pas avec les Gentilshommes-élèves, il leur ſera expreſſément défendu d'y paroître en habit bleu; cette couleur étant d'ailleurs interdite à tous particuliers, à peine d'amende, par les Ordonnances de Sa Majeſté.

§ 3.

Non-seulement les Profeſſeurs & Régens ſeront attentifs à ce qui regardera les études de leurs Écoliers, mais encore ils auront les yeux ouverts ſur leur conduite & ſur leurs mœurs. Ils ne ſouffriront de leur part aucunes ſorties trop fréquentes ou trop longues; & ſi quelques-uns de leurs Écoliers s'abſentent de claſſe, ils auront ſoin d'en prévenir le Principal, qui en avertira les parens.

§ 4

Il n'y aura de congé que le jeudi de chaque ſemaine où il ne ſe trouvera pas de fête. Dans les ſemaines où il y aura une ou plusieurs fêtes, les congés seront réglés par le Principal, de concert avec le Bureau. Il ne sera accordé de congé extraordinaire que pour de grandes considérations & du consentement du Bureau.

55.

Outre les jeudis & les dimanches & fêtes, les classes vaqueront les jours de Saint-Martin, de Sainte-Catherine, de Saint-Nicolas, des Saints-Innocens, de Saint-Sébastien, de Saint-Charlemagne ; les jours de la naissance & de la fête du Roi, les veilles de fêtes solennelles au soir, le jour de l'anniversaire de Henri-le-Grand, les lundi, mardi & mercredi de la Quinquagésime, sans autre congé pendant cette semaine que le samedi au soir, & les quatre derniers jours de la semaine Sainte.

56.

Les classes de Physique & de Mathématiques entreront en vacance le 1.ᵉʳ du mois d'Août, celle de Logique le 8, celle de Rhétorique le 13, & toutes les autres le 16 du même mois.

57.

Le jour des vacances, chaque Professeur ou Régent présentera au Principal ses Écoliers, lesquels après une courte exhortation qui leur sera faite par le Principal sur la manière d'employer saintement & utilement ce temps de repos, seront conduits à la Chapelle pour y remercier Dieu des grâces qu'ils en auront reçues pendant le cours de l'année scholastique.

58.

Le Principal prononcera lui-même, ou fera prononcer

par

par l'un des Prêtres du Collège, le panégyrique du roi Henri IV le jour de l'anniverſaire de ce grand Prince. Lorſque le Principal ne pourra pas ſe charger de ce diſcours, le Bureau ſera informé à l'avance du nom de celui qui en ſera chargé.

59.

POLICE GÉNÉRALE.

LE Principal veillera à ce que la diſcipline la plus exacte ſoit obſervée par tous ceux qui demeureront dans le Collège; & s'il s'y introduiſoit quelque abus, il en rendroit compte au Bureau pour qu'il y fût promptement remédié.

60.

L'INSPECTEUR étant logé dans le Collège, & plus à portée qu'aucun autre Adminiſtrateur de remplir les fonctions de ſurveillance preſcrites par l'article 20 de l'Édit du mois de février 1763, les autres Adminiſtrateurs ſeront diſpenſés deſdites fonctions, dont l'Inſpecteur demeurera ſeul chargé, pour, ſur ſon rapport, être en cas de beſoin pourvu à ce qu'il appartiendra.

61.

LE Principal, les Profeſſeurs, les Régens, ainſi que tous ceux qui ſont nommés par le Roi dans ledit Collège, ne pourront quitter leurs emplois qu'ils n'en aient envoyé leur démiſſion au Secrétaire d'État de la Guerre, & qu'elle n'ait été acceptée par Sa Majeſté.

62.

LE Principal veillera à ce que dans les thèſes, les diſcours & les exercices publics & particuliers, il ne ſoit

Fffff

rien dit ni inféré de contraire à la religion, aux bonnes mœurs & aux maximes du royaume, ni qui puisse exciter quelque trouble, offenser aucun corps ou communauté, ou quelque personne que ce puisse être. Les discours ne pourront être prononcés qu'après avoir été communiqués au Principal seul, & les thèses & programmes d'exercices ne pourront être imprimés qu'après qu'il les aura approuvés & visés.

63.

LA bibliothèque sera confiée à l'un des Professeurs ou Régens, au choix du Bureau. Il en sera fait un catalogue par ordre de matières en présence de l'un des Administrateurs. Un double de ce catalogue sera déposé aux archives, & l'autre double restera entre les mains du Bibliothécaire. Toutes les personnes employées dans le Collége auront l'usage de la bibliothèque, sans néanmoins qu'elles en puissent déplacer aucun livre sans un reçu daté & signé, à peine par le Bibliothécaire d'en répondre personnellement. Il sera fait un état des livres qu'il pourroit être nécessaire d'ajouter à la bibliothèque pour l'utilité commune du Collége; l'intention de Sa Majesté étant d'y pourvoir successivement. Le Bureau réglera, suivant le temps & les circonstances, les jours & les heures d'ouverture de la bibliothèque, dont il sera fait tous les ans un récolement en présence de l'un de ses Membres, & il proposera au Secrétaire d'État de la Guerre la gratification qu'il croira convenable d'accorder dans la suite à celui des Professeurs ou Régens qui en sera chargé.

64.

LES Chapelains, Professeurs, Régens & autres qui seront logés dans le Collége & meublés à ses frais, donneront un

reçu détaillé des meubles meublans qui leur feront four-
nis, & il fera formé de tous ces reçus un inventaire
dans lequel on comprendra tous les meubles communs
& autres achetés pour l'ufage du Collége & payés de fes
fonds. Il fera fait deux doubles de cet inventaire, dont
l'un fera dépofé aux archives, & l'autre reftera entre les
mains de l'Infpecteur, en obfervant d'y ajouter par des
fupplémens les meubles qu'il pourra être néceffaire d'ache-
ter dans la fuite.

<h2 style="text-align:center">65.</h2>

LES Profeffeurs & Régens mariés, conferveront leur
logement dans le Collége, mais ils ne pourront en aucun
cas y loger avec leur femme & leurs enfans : ils jouïront
auffi perfonnellement de la table commune, fans que la
converfion puiffe en être faite en argent pour quelque
caufe & raifon que ce foit, tant par rapport aux gens
mariés que par rapport à ceux qui ne le feront pas.

<h2 style="text-align:center">66.</h2>

IL ne fera donné, cédé pour un temps, ni moins
encore loué aucun logement dans le Collége. Il n'y fera
même donné retraite aux perfonnes du dehors, qu'avec
la permiffion expreffe de l'Infpecteur pour la partie du
Collége qu'il habite, & fans que cette permiffion puiffe
jamais être accordée pour aucune femme.

<h2 style="text-align:center">67.</h2>

LA table commune fera fervie à midi & à huit heures
du foir en tout temps; elle durera trois quarts d'heure
ou une heure au plus : on n'y admettra aucun étranger,
& jamais on n'y fervira de gras les jours maigres.

Fffff ij

68.

CEUX qui, par rapport au mauvais état de leur santé, ne pourront pas faire maigre pendant le carême ou dans d'autres temps de l'année, iront manger à l'infirmerie où ils feront fervis en gras, après toutefois en avoir obtenu la permiffion par écrit de l'Évêque diocéfain, ou du Curé de la paroiffe, en conféquence des certificats des Médecins. Ceux qui aimeront mieux fe faire fervir en particulier dans leurs chambres, ne pourront le faire qu'à leurs dépens, en quelque temps que ce foit.

69.

TOUS ceux qui font logés & nourris dans la maifon, & qui tomberont malades, feront foignés aux frais du Collége dans l'infirmerie qui y fera établie. La dépenfe de l'infirmerie fera conftatée par des états particuliers, fans que le Bureau puiffe en allouer aucune autre pour caufe de maladie, d'indifpofition ou autrement, après que ladite infirmerie aura été établie.

70.

LES Chapelains fe conformeront au règlement de l'Évêque diocéfain en ce qui concerne la célébration du Service divin, l'adminiftration des Sacremens & les inftructions, & ils feront foumis comme les autres à l'autorité du Bureau en ce qui concerne la difcipline & la police de la maifon.

71.

IL fera fait par les foins du premier Chapelain, & en préfence de celui des Adminiftrateurs, qui fera nommé à cet effet par le Bureau, un inventaire des vafes facrés, ornemens, vaiffelle d'argent ou de cuivre, linges ou autres effets deftinés à l'ufage de la Chapelle ; un double de cet inventaire fera dépofé aux archives, & l'autre double reftera entre les mains du premier Chapelain.

72.

LE Bureau règlera le nombre de domeftiques qui feront néceffaires pour le fervice commun de la maifon ; l'Infpecteur en fera le choix, déterminera leurs fonctions, & pourra les renvoyer, s'ils ne rempliffent pas exactement leur devoir & qu'ils aient une mauvaife conduite ; il veillera à ce qu'ils affiftent au Service divin & aux inftructions qui font ordonnées pour ceux du Penfionnat.

73.

LE Bureau prendra les mefures les plus certaines pour qu'il ne fe paffe aucun défordre dans le parc du Collége, & que le public n'abufe pas de la permiffion de s'y promener ; il règlera les heures où il fera permis d'y entrer, & il interdira toute communication avec la partie qui en eft réfervée aux Élèves-gentilshommes.

74.

LES portes du Collége s'ouvriront le matin à cinq heures & demie, en tout temps, & fe fermeront le foir à neuf heures & demie ; les clefs en feront remifes, après la clôture, chez l'Infpecteur, & en fon abfence, chez le Principal. Et feront au furplus les Lettres patentes de Sa Majefté du 7 avril 1764, portant confirmation dudit Collége ; celles du 7 avril 1767, portant affiliation dudit Collége à l'Univerfité de Paris, enfemble le préfent arrêt, portant règlement, exécutés felon leur forme & teneur, nonobstant tous réglemens à ce contraires. FAIT au Conseil d'État du Roi, Sa Majesté y étant, tenu à Compiegne le huit août mil sept cent soixante-sept. *Signé* LE DUC DE CHOISEUL.

LETTRES PATENTES DU ROI,

Portant suppression des places de Chapelains du Collége de la Flèche, & établissement dans ledit Collége d'un second Sous-principal, sous le titre de Préfet *des* Études.

Données à Versailles le 22 Avril 1768.

Regiſtrées en Parlement le 10 Mai audit an.

LOUIS, PAR LA GRÂCE DE DIEU, ROI DE FRANCE ET DE NAVARRE : A tous ceux qui ces préſentes Lettres verront ; SALUT. Nous avons, par nos Lettres patentes du 20 du mois d'août dernier, ſupprimé toutes les places de Chapelains qui exiſtoient dans les différens Colléges qui ont été réunis à celui de Louis-le-Grand. C'eſt par les mêmes conſidérations qui nous ont déterminés à cette ſuppreſſion, que nous avons réſolu d'ordonner celle des quatre places de Chapelains qui ſubſiſtent dans notre Collége de la Flèche, que nous croyons devoir ramener, à cet égard, à ce qui eſt obſervé dans tous les autres Colléges de notre royaume. Indépendamment de l'économie qui en réſultera, nous en tirerons ce double avantage, que d'un côté, nous pourrons, en diminuant les charges de notre Collége, y établir un ſecond Sous-principal, qui eſt néceſſaire par l'accroiſſement ſucceſſif des Gentils-

hommes élevés dans le Penſionnat & des Externes ; &
que de l'autre, les Prêtres qui y ſont employés aux différentes parties de l'inſtruction, pourront y remplir les
fonctions de leur miniſtère, & mériter, par le zèle qu'ils
y apporteront, la confiance de leurs ſupérieurs Eccléſiaſtiques, & notre bienveillance. A CES CAUSES, & autres
à ce nous mouvant ; de l'avis de notre Conſeil, & de
notre certaine ſcience, pleine puiſſance & autorité royale,
Nous avons dit, déclaré & ordonné ; & par ces préſentes
ſignées de notre main, diſons, déclarons & ordonnons,
voulons & nous plaît ce qui ſuit :

ARTICLE PREMIER.

LES quatre places de Chapelains, établies dans notre
Collége de la Flèche par l'article 21 de nos Lettres
patentes du 7 avril 1764, ſeront & demeureront ſuppri-
mées, à compter du 1.er Juillet prochain.

2.

IL ſera établi dans ledit Collége, un ſecond Sous-
principal, ſous le titre de *Préfet des Études*.

3.

LA nomination du Préfet des Études appartiendra au
Principal, de même que celle du Sous-principal ; mais
l'un & l'autre ſeront Prêtres, & choiſis, autant que faire
ſe pourra, parmi des Gradués en Théologie.

4.

LE Préfet des Études jouira des mêmes honoraires
que le Sous-principal, & pourra parvenir à la penſion
d'Émerite, ſuivant l'article 12 deſdites Lettres patentes.

5.

IL fera logé dans la partie du Collége occupée par les Profeſſeurs & les Régens; & il tiendra, à la table commune qui eſt ſervie pour eux, la place du Principal, qui mangera dans la ſuite à celle des Gentilshommes-élèves confiés à ſes ſoins.

6.

NOTREDIT Collége étant ſoumis, quant à l'enſeignement & aux exercices des claſſes, à l'inſpection, autorité & juridiction de notre Univerſité de Paris, à laquelle nous l'avons affilié par nos Lettres patentes du 7 avril 1767, les Docteurs agrégés à la Faculté des Arts de ladite Univerſité, pourront remplir dans notredit Collége les places de Sous-principal, Préfet des Études, celles de Sous-maîtres ou autres relatives à l'inſtruction & éducation de la jeuneſſe, ſans perdre l'éligibilité conſervée à ceux d'entr'eux qui occupent de pareilles places dans les Colléges de ladite Univerſité, ou qui rempliſſent des chaires dans les Colléges de notre royaume, confirmés depuis notre Édit de février 1763.

7.

LES fondations valablement établies ſeront acquittées dans la chapelle dudit Collége, laquelle ſera dorénavant deſſervie, ſous la direction du Principal, par le Principal lui-même & par les deux Sous-principaux, & ſubſidiairement par les autres Prêtres du Collége; nous réſervant au ſurplus de donner des marques de notre ſatisfaction à ceux d'entr'eux qui s'attacheront plus particulièrement à l'inſtruction ſpirituelle de la jeuneſſe, & au ſervice de la

Chapelle,

Chapelle, suivant le compte qui nous en sera rendu par le Bureau d'administration.

8.

LE règlement de l'Évêque diocésain, concernant la célébration du Service divin, les instructions, les catéchismes, l'administration des Sacremens, &c. sera exécuté selon sa forme & teneur, & le Principal lui rendra compte de tout ce qui aura rapport à l'administration spirituelle du Collége.

9.

LES Chantres & l'Organiste feront choisis par le Principal, qui pourra les renvoyer de concert avec le Bureau d'aministration. SI DONNONS EN MANDEMENT à nos amés & féaux Conseillers les Gens tenant notre Cour de Parlement à Paris, que ces présentes ils aient à faire lire, publier & regiftrer, & le contenu en icelles garder, obferver & exécuter selon sa forme & teneur: CAR TEL EST NOTRE PLAISIR; en témoin de quoi nous avons fait mettre notre fcel à cefdites préfentes. DONNÉ à Verfailles le vingt-deuxième jour du mois d'avril, l'an de grâce mil fept cent foixante-huit, & de notre règne le cinquante-troifième. *Signé* LOUIS. *Et plus bas*, Par le Roi. *Signé* LE DUC DE CHOISEUL. Et fcellées du grand fceau de cire jaune.

Regiftrées, ouï & ce requérant le Procureur général du Roi, pour être exécutées felon leur forme & teneur; & copie collationnée envoyée en la Sénéchauffée de la Flèche, pour y être lûes, publiées & regiftrées; Enjoint aux Subftituts du Procureur général du Roi d'y tenir la main, & d'en certifier la Cour dans le mois, fuivant l'arrêt de ce jour. À Paris, en Parlement, les Grand'Chambre & Tournelle affemblées, le dix mai mil fept cent foixante-huit. Signé DUFRANC.

ARRÊT

DU CONSEIL D'ETAT DU ROI,

Qui ordonne les travaux nécessaires pour conduire dans le collége de la Flèche, les eaux de différentes sources : Et la construction d'une Fontaine dans la ville de la Flèche.

Du 12 Mai 1769.

Extrait des Registres du Conseil d'État.

LE ROI étant informé que les eaux de puits, dont on fait usage dans la ville de la Flèche, & particulièrement dans le Collége qui y est établi, sont d'une mauvaise qualité, Sa Majesté s'est fait rendre compte des projets qui ont été faits en différens temps, pour conduire en cette ville les eaux de quelques sources situées sur les hauteurs voisines, du côté de Montafain, & notamment les sources des Sas, de Fougerolles, de la Purillière & de Saint-Germain, dont l'abondance & la salubrité ont été reconnues : Et desirant pourvoir à un objet d'utilité publique, dont dépend aussi essentiellement la conservation des Habitans de la ville de la Flèche & la bonne constitution des jeunes Gentilshommes qu'Elle fait élever dans son Collége. SA MAJESTÉ ÉTANT EN SON CONSEIL, a ordonné & ordonne : Que, sous l'autorité & les ordres du sieur Duc de Choiseul, Ministre & Secrétaire d'État de la Guerre, le sieur Laurent,

Chevalier de l'Ordre de Sa Majefté, dirigera les travaux néceffaires pour conduire dans le collége de la Flèche, les eaux des fources des Sas, de Fougeroiles, de la Purilière & de Saint-Germain, ou feulement celles defdites fources qu'il fera plus facile & moins difpendieux de conduire dans ledit Collége, où elles feront recueillies dans un réfervoir qui y fera conftruit à cet effet, pour être enfuite diftribuées, tant dans ledit Collége que dans la ville. Ordonne Sa Majefté que pour recevoir les eaux qui feront deftinées pour la ville, il y fera conftruit, aux frais de qui il appartiendra, une fontaine qui fera placée dans l'endroit le plus commode pour les Habitans : Veut en outre Sa Majefté que les dédommagemens qui pourront être dûs pour raifon des terreins, maifons, ufines, moulins, qui fe trouveront dans la direction des conduites, feront payés fuivant l'eftimation qui en fera faite par des Experts, dont les Parties conviendront à l'amiable, finon nommés d'office par le fieur Intendant & Commiffaire départi en la généralité de Tours, auquel Sa Majefté a attribué & attribue, fauf l'appel en fon Confeil, la connoiffance defdites demandes & des conteftations qui pourront naître à l'occafion defdits travaux, circonftances & dépendances; faifant défenfes à toutes fes Cours, Juges & Juridictions, d'en connoître, & à toutes Parties de fe pourvoir ailleurs que par-devant ledit fieur Intendant, à peine de nullité, caffation de procédure, & de tous dépens, dommages & intérêts : Ordonne pareillement que les demandes que les particuliers auront à faire pour raifon defdits travaux, feront dirigées contre le Principal & collége de la Flèche, & qu'il y fera défendu de même; fe réfervant d'ailleurs Sa Majefté de pourvoir aux fonds néceffaires pour lefdits travaux. FAIT au Confeil d'État du Roi, Sa Majesté y étant, tenu à Versailles le douze mai mil sept cent soixante-neuf. *Signé* LE DUC DE CHOISEUL.

LOUIS, PAR LA GRÂCE DE DIEU, ROI DE FRANCE ET DE NAVARRE : A notre amé & féal Conseiller en nos Conseils, Maître des Requêtes ordinaire de notre Hôtel, Intendant & Commissaire départi pour l'exécution de nos ordres à Tours, le sieur Ducluzel ; SALUT. Nous vous mandons & ordonnons par ces présentes, signées de notre main, que conformément à l'arrêt cejourd'hui rendu en notre Conseil d'État, Nous y étant, dont expédition est ci-attachée sous le contre-scel de notre Chancellerie, vous ayez à vous employer & tenir la main à son exécution, selon sa forme & teneur : Commandons au premier notre Huissier ou Sergent sur ce requis, de faire pour l'entière exécution d'icelui, & de tout ce que vous ordonnerez en conséquence, tous exploits, significations, & autres actes requis & nécessaires, sans pour ce demander autre congé ni permission : CAR TEL EST NOTRE PLAISIR. Donné à Versailles le douzième jour de mai, l'an de grâce mil sept cent soixante-neuf, & de notre règne le cinquante-quatrième. *Signé* LOUIS. *Et plus bas,* Par le Roi. *Signé* LE DUC DE CHOISEUL. Et scellé.

LETTRES PATENTES DU ROI,

Portant règlement pour le Collége royal de la Flèche.

Données à Versailles le 20 Février 1772.

Registrées en Parlement le 21 Mars audit an.

LOUIS, PAR LA GRÂCE DE DIEU, ROI DE FRANCE ET DE NAVARRE: A tous ceux qui ces preſentes Lettres verront; SALUT. Nous ne nous étions propoſés, en établiſſant une École Militaire, que de former des ſujets pour la guerre; nous avons porté nos vues plus loin, en confirmant en faveur de la Nobleſſe de notre royaume, l'ancienne fondation du Collége de la Flèche; nous avons voulu que cette dernière inſtitution devînt un degré qui conduiſît à la première, & qu'après avoir éprouvé dans l'une les diſpoſitions des jeunes Gentils-hommes qui y ſeroient élevés, on ne reçût dans l'autre que ceux qui auroient un goût décidé & une aptitude certaine pour la profeſſion des armes : Nous avons, par nos Lettres patentes du 7 avril 1764, portant confirmation de notre Collége de la Flèche, fixé à quatorze ans accomplis, l'âge où les Élèves de ce Collége, pourroient être appelés à l'École Militaire; mais nous avons ordonné en même-temps que les ſujets que nous agréerions pour notre Collége, pourroient y être admis depuis l'âge de huit à neuf ans, juſqu'à l'âge de dix à onze ans & même de treize, par rapport à ceux qui n'auroient ni père ni mère; nous n'avons pas tardé à reconnoître les inconvéniens de cette diſpoſition, parce que, s'il n'eſt pas poſſible qu'un enfant reçu au Collége à treize ans, soit en état d'en sortir à quatorze, à moins qu'il n'ait fait des études avant que d'y entrer, il ne l'est guère davantage que des enfans admis à dix & onze ans, reçoivent dans l'espace de trois ou quatre années assez d'instruction pour pouvoir passer à l'École Militaire, l'expérience ayant d'ailleurs appris que les enfans de cet âge ne sont pas plus avancés, quand ils arrivent, que ceux de huit à neuf ans, & que moins souples & moins dociles que ceux-ci, ils donnent en général beaucoup de peine à leurs Instituteurs, & font moins de progrès. Il nous a paru d'autant plus nécessaire de remédier à cet inconvénient, que s'il est un âge fixé pour la sortie du Collége, l'ordre des études exige qu'il y en ait un de déterminé pour l'entrée, sans quoi les sujets reçus dans un âge plus avancé, feroient moins d'études que ceux qu'on auroit reçus plus jeunes, & on se trouveroit, comme cela est déjà arrivé, dans la nécessité d'ouvrir à l'École Militaire un accès égal à des Élèves, dans l'instruction desquels il y auroit une inégalité trop marquée : Nous nous sommes proposés, d'un autre côté, de prévenir l'abus que pourroient faire les Élèves de notre Collége, de la liberté que nous leur avons laissée d'y rester après leur quatorzième année pour achever leurs études, dans le cas où ils ne se sentiroient aucun goût pour les armes, & où ils se croiroient au contraire appelés, soit à l'état ecclésiastique, soit à quelqu'autre état que ce fût ; non-seulement il répugneroit au respect qu'ils doivent à leurs parens, qu'ils pussent faire le choix d'un état sans leur consentement, mais encore on pourroit éprouver de leur part des retours incompatibles avec le cours des études & des exercices de notre École Militaire, si, après avoir refusé d'y entrer, ils demandoient à y être reçus dans un âge où les autres doivent en sortir. A CES CAUSES, & autres à ce nous mouvant ; de l'avis de notre Conseil, & de notre grâce spéciale, pleine puissance & autorité royale, Nous avons par ces présentes signées de notre main, dit, statué & ordonné; disons, statuons & ordonnons, voulons & nous plaît ce qui suit :

ARTICLE PREMIER.

L'ARTICLE 7 de nos Lettres patentes du 7 avril 1764, sera exécuté selon sa forme & teneur; en conséquence, il ne sera reçu à l'avenir, dans notre École Militaire, aucun Enfant qui n'ait fait ses études dans notre Collège de la Flèche, & qui n'ait atteint l'âge de quatorze ans accomplis.

2.

IL ne sera reçu dorénavant dans notre Collège que des Enfans de huit à neuf ans, à l'effet de quoi nous avons dérogé à l'article 6 de nos Lettres patentes du 7 avril 1764.

3.

EXCEPTONS de l'article ci-dessus, les Enfans qui, après avoir fait des premières études dans quelque Collège, ou dans quelqu'autre Maison d'éducation que ce soit, seront en état d'entrer en Sixième dans notre Collège, où nous voulons qu'ils soient reçus jusqu'à l'âge de dix ans accomplis seulement.

4

LES Enfans exceptés par l'article ci-dessus, ne nous seront proposés pour notre Collège, qu'autant qu'ils rapporteront des certificats en bonne forme de leurs diſpoſitions & du degré de leur capacité.

5.

LES différens degrés de préférence que nous avons établis par l'Édit de création de notre École Militaire, du mois de janvier 1751, & par notre Déclaration du 24 août 1760, feront obſervés dans le choix qu'on nous propoſera de faire pour remplir les places de notre Collége : Dérogeons à cet égard à l'article 4 de nos Lettres patentes du 7 avril 1764; nous réſervant néanmoins de faire, en faveur des familles compoſées de huit enfans vivans, dont les pères n'auront pas ſervi, telles exceptions que leur ſituation nous paroîtra exiger.

6.

LES parens qui propoſent leurs Enfans pour notre Collége, devant avoir leurs titres de nobleſſe tout raſſemblés, ils les produiront auſſitôt qu'ils leur feront demandés; & faute par eux de faire leurs preuves de nobleſſe dans l'intervalle d'une nomination à l'autre, ils feront & demeureront déchus de la grâce que nous leur aurons accordée en nommant leurs enfans pour notre Collége.

7.

POUR ne pas troubler l'ordre des études de notredit Collége, la nomination des Élèves que nous en tirerons tous les ans pour notre École Militaire, ſera faite à la fin de l'année ſcholaſtique, & nous ferons expédier les ordres néceſſaires pour qu'ils ſoient reçus dans notredite École avant le 1.er d'Octobre.

8.

8.

LORSQUE lefdits Élèves feront entrés dans leur quatorzième année, ils feront examinés fur leurs difpo-fitions, fur leurs progrès, fur leur conduite & fur l'état qu'ils defireront d'embraffer. S'il s'en trouve parmi eux qui fe difent appelés à l'état eccléfiaftique, ou à tout autre que celui des armes, il en fera donné avis à leurs parens par le Principal de notredit Collége, qui en informera en même-temps notre Secrétaire d'État ayant le dépar-tement de la Guerre.

9.

CEUX defdits Élèves qui perfifteront dans leur vocation & qui refuferont de paffer à l'École Militaire après avoir atteint leur quatorzième année accomplie, ne pourront continuer leurs études dans notredit Collége, qu'autant qu'ils en auront obtenu notre agrément, & le confentement par écrit de leurs parens.

10.

S'IL arrivoit que lefdits Élèves changeaffent dans la fuite de difpofitions, & qu'ils demandaffent à être admis à l'École Militaire, ils n'y feront plus reçus fous quelque prétexte que ce foit, à moins qu'ils ne réclament dans l'année même de leur refus, & qu'ils n'aient d'ailleurs les qualités propres à la profeffion des armes, ce que nous nous réfervons de juger fur le compte qui nous en fera rendu par notre Secrétaire d'État ayant le dépar-tement de la Guerre.

Hhhhh

11.

AUCUN Élève reçu à l'École Militaire, après avoir fait ses études au Collége de la Flèche, ne pourra être renvoyé dans ce Collége, sous le prétexte de vocation à tout autre état que celui de la guerre ; notre intention étant que ceux d'entre les Élèves de notre École Militaire, qui pourroient en faire la demande, soient remis à leurs parens.

12.

LES Élèves de notre Collége que nous ne jugerons pas propres à la profession des armes, ou que, par d'autres motifs, nous n'admettrons pas à notre École Militaire, pourront continuer leurs études dans notre Collége, à moins qu'ils ne s'y conduisent mal, & qu'ils ne profitent pas des instructions qu'on y donne, auquel cas nous ferons expédier des ordres nécessaires pour qu'ils soient renvoyés à leurs parens.

13.

SERONT nos présentes Lettres exécutées selon leur forme & teneur, nonobstant tous Édits, Déclarations & autres choses à ce contraires, auxquelles nous avons dérogé & dérogeons par ces présentes. SI DONNONS EN MANDEMENT à nos amés & féaux Conseillers les Gens tenant notre Cour de Parlement à Paris, que ces présentes ils aient à faire lire, publier & regiſtrer ; & le contenu en icelles garder, observer & exécuter selon sa forme & teneur : CAR TEL EST NOTRE PLAISIR ; en témoin de quoi nous avons fait mettre notre scel à cesdites présentes. DONNÉ à Versailles le vingtième jour du mois de février, l'an de grâce mil sept cent soixante-douze, & de notre règne le cinquante-septième. *Signé* LOUIS. *Et plus bas, Par le Roi. Signé* MONTEYNARD. Et scellé du grand sceau de cire jaune.

Registrées, ouï, ce requérant le Procureur général du Roi, pour être exécutées selon leur forme & teneur; & copies collationnées envoyées aux Bailliages, Sénéchaussées & autres Siéges du ressort de la Cour, pour y être lûes, publiées & registrées : Enjoint aux Substituts du Procureur général du Roi, d'y tenir la main, & d'en certifier la Cour dans le mois; & pareillement copies collationnées desdites Lettres envoyées aux Conseils supérieurs, pour y être lûes, publiées & registrées, conformément à l'Édit du mois de février 1771, suivant l'arrêt de ce jour. A Paris, en Parlement, le vingt-un mars mil sept cent soixante-douze. Signé LE JAY.

ARRÊT
DU CONSEIL D'ÉTAT DU ROI,

Portant règlement pour la Bibliothèque du Collége royal de la Flèche.

Du 25 Mars 1775.

Extrait des Registres du Conseil d'État.

LE ROI, par l'article 63 de l'arrêt de son Conseil d'État du 8 août 1767, portant règlement pour le Collége de la Flèche, a ordonné que la Bibliothèque de ce Collége seroit confiée à l'un des Professeurs ou Régens qui seroit choisi par le Bureau d'administration. Cette dispofition ne pouvant fe concilier, ni avec les fonctions des Profeffeurs qui tiennent leurs claffes aux heures où la Bibliothèque doit être ouverte, ni avec les études particulières qu'ils font obligés de faire pour préparer leurs leçons, on a effayé d'y fuppléer en établiffant un Sous-bibliothécaire, qui eft chargé en même-temps des détails de la Sacriftie; mais ce dernier ne pouvant pas fe trouver à la fois à la Bibliothèque & à la Sacriftie, aux heures où fon devoir l'appelle à l'une & à l'autre, ce n'eft qu'un inconvénient de plus qu'on a ajouté à un autre. A quoi voulant pourvoir : Ouï le rapport; SA MAJESTÉ ÉTANT EN SON CONSEIL, a ordonné & ordonne ce qui fuit :

ARTICLE PREMIER.

L'ARTICLE 63 de l'arrêt du Confeil d'État du Roi du 8 août 1767, portant règlement pour le Collége de la Flèche, fera exécuté felon fa forme & teneur, en tout ce qui n'y fera pas dérogé par le préfent arrêt.

2.

LA place de Bibliothécaire du Collége, fera dorénavant incompatible avec celles de Sous-principal, de Profeffeurs, de Régens ou toute autre place ayant des fonctions dans le Collége; & s'il arrivoit que quelqu'un de ceux qui rempliffent ces places, fût nommé à celle de Bibliothécaire, il feroit obligé d'opter entre les deux.

3.

LE Bureau d'adminiftration, immédiatement après la réception du préfent arrêt, fera choix pour remplir la place de Bibliothécaire, d'un homme de Lettres, Ecclé-

fiaftique autant que faire fe pourra, & également recom-
mandable par fes talens & par la régularité de fes mœurs
& de fa conduite ; & il en informera le Secrétaire d'État
de la Guerre pour obtenir fon approbation.

4.

L E Bibliothécaire fera logé dans le Collége, à portée
de la bibliothèque, avec laquelle fon logement aura une
communication facile ; il mangera à la table des Profeffeurs, il fera meublé, chauffé & éclairé comme eux, &
fes appointemens feront employés dans les états du Collége,
fur le pied de Mille livres par an.

5.

I L fera fait un catalogue par ordre de matières, des
livres qui feront remis à fa garde, ce catalogue fera infcrit fur un regiftre qui demeurera dépofé à la bibliothèque,
& qui fera diftribué de manière qu'on puiffe ajouter à
l'article de chaque matière, les livres dont la bibliothèque
fera augmentée par la fuite.

6.

U N double de ce regiftre fera dépofé aux archives
du Collége, & on y infcrira les livres qui feront ajoutés
à la bibliothèque, à mefure qu'ils y auront été reçus &
marqués de la marque du Collége ; ils feront d'ailleurs
numérotés , comme cela fe pratique dans toutes les
bibliothèques.

7.

I L fera fait tous les ans, en préfence de l'un des
Membres du Bureau, un récollement des livres de la

bibliothèque; & le Bureau informera le Secrétaire d'État de la Guerre, du résultat de cette opération.

8.

IL ne sera déplacé aucun livre de la bibliothèque, pour quelque raison que ce puisse être, & le Bibliothécaire sera garant des livres qui pourroient y manquer, à moins qu'ils n'en soient enlevés, ou qu'ils n'y périssent par quelqu'évènement de force majeure dont il ne puisse pas répondre; auquel cas il en sera dressé procès-verbal par le Bureau d'administration, ou par qui il appartiendra.

9.

POUR faciliter le travail des personnes qui seront admises à la bibliothèque, on y entretiendra des tables couvertes de tapis, de l'encre, des plumes & des pupitres.

10.

LA bibliothèque sera ouverte toute l'année, le matin & l'après-diner, à l'exception des Dimanches & des Fêtes; savoir : le matin depuis neuf heures jusqu'à douze, dans toutes les saisons; & le soir, du 1.er de Novembre jusqu'au 1.er d'Avril, depuis deux heures jusqu'à cinq; & depuis le 1.er d'Avril jusqu'au 1.er de Novembre, de deux heures & demie à six heures & demie, sans cependant que le Bibliothécaire puisse être gêné dans les facilités qu'il lui conviendra de donner aux Professeurs & aux autres personnes de la maison seulement, qui pourroient avoir quelques recherches pressantes à faire dans la bibliothèque.

11.

LA bibliothèque sera à l'usage de tous les Membres du Bureau d'administration, des Professeurs, des Régens, des Sous-maîtres & des autres perſonnes de la Maiſon. Aucun Écolier n'y ſera admis, à l'exception de ceux des hautes claſſes, avec la permiſſion du Principal. A l'égard des Eccléſiaſtiques, tant ſéculiers que réguliers, des Magiſtrats, des Juriſconſultes & des autres perſonnes de la ville qui deſireroient y être admis, le Bureau en remettra un état au Bibliothécaire, ſans perdre de vue que la bibliothèque du Collége n'a pour objet principal que l'utilité du Collége même.

1 2.

TOUS les livres d'une bibliothèque ne convenant pas également à toutes ſortes de perſonnes, le Bureau remettra au Bibliothécaire l'état de ceux qu'il ne pourra pas communiquer indifféremment aux jeunes gens qui auront par état ou autrement, la permiſſion d'entrer dans la bibliothèque : il ſe conduira d'ailleurs à cet égard avec la prudence que les perſonnes & les circonſtances pourront exiger de ſa part.

1 3.

IL fera obſerver le ſilence dans la bibliothèque, aux heures de travail ; & s'il avoit à ſe plaindre de quelqu'un, il en feroit ſon rapport au Bureau.

1 4.

LE Bibliothécaire ſera chargé du dépôt & de la diſtribution des livres claſſiques ; ce dépôt ſera fait dans un lieu particulier, pour qu'il ne ſoit jamais confondu avec la bibliothèque.

1 5.

IL fera l'achat des livres claſſiques, ſur les états que le Principal lui en remettra, & qui ſeront ſignés de lui : il communiquera ces états à l'Inspecteur chargé de la comptabilité du Collége, & ce dernier les visera après les avoir fait enregistrer. A l'égard du prix de ces livres, les Libraires en fourniront leurs soumissions qui seront discutées, & enfin réglées par l'Inspecteur, le Principal & le Bibliothécaire, conjointement.

16.

A mesure que les Libraires lui fourniront les livres compris dans ces états, il leur en délivrera ses reçus, & il enregistrera, sur un registre qu'il tiendra à cet effet, les livraisons qui lui seront faites par les Libraires ou par d'autres.

17.

Les mémoires de ces livraisons seront remis tous les trois mois à l'Inspecteur, avec les reçus du Bibliothécaire, & son certificat au pied, par les Libraires qui les auront faites; & le payement n'en sera ordonné, qu'autant qu'elles se trouveront conformes aux états signés du Principal, visés de l'Inspecteur, & aux prix convenus.

18.

Il en sera usé de même par rapport aux livres destinés aux distributions de Prix, & aux livres de Chapelle, tels que les Heures, Catéchismes, &c.

19.

Le Bibliothécaire ne remettra aucun livre classique à un Élève, qu'autant qu'il en aura un reçu du Sous-maitre de l'étude de l'Élève, & que ce reçu ne soit visé du Principal, ou à son défaut du Sous-principal, pour empêcher autant que faire se pourra, les dépradations

auxquelles

auxquelles les enfans se livrent par légèreté quand on ne veille pas sur eux.

20.

Il enregistrera ces reçus sur un registre différent de celui des livraisons, de manière que l'un représente les recettes des livres à l'usage des Élèves, & l'autre les dépenses.

21.

Le Principal lui donnera des reçus des livres qu'il distribuera en Prix, & qui seront destinés aux lectures des réfectoires, pour que tout ce qui entrera dans le dépôt des Élèves, & qui en sortira, puisse toujours être renseigné avec exactitude. Quand les livres prêtés pour les réfectoires rentreront à la bibliothèque, le Bibliothécaire en déchargera son registre & rendra le reçu.

22.

Les livres gâtés, mutilés, seront rapportés à la bibliothèque, quand on en demandera d'autres, & le Bibliothécaire aura soin de faire connoître au Principal les Élèves qui feront une plus grande consommation de livres que les autres. Les Sous-maîtres d'ailleurs partageront cette attention avec le Bibliothécaire.

23.

Tous les livres à l'usage des Élèves, seront marqués de la marque du Collége; à l'effet de quoi les estampilles demeureront déposées à la bibliothèque.

24.

Lorsque les Élèves, en changeant de classe, changeront aussi de livres, le Principal fera porter à la bibliothèque les livres qui leur deviendront inutiles, pour qu'on puisse distribuer à d'autres ceux qui feront encore en état de servir. Le Bibliothécaire en usera par rapport à l'entrée & à la sortie de ces livres vieux, de même que par rapport aux livres neufs.

25.

A la fin de chaque année scholastique, il sera fait un triage des livres en état de servir, & de ceux dont on ne pourra plus faire usage : ce triage sera fait en présence de l'Inspecteur, qui fera vendre au profit du Collége, les livres qui seront hors de service. On constatera d'ailleurs la quantité & l'espèce des livres qui pourront servir.

26.

LE Principal réglant chaque année, de concert avec les Professeurs les livres dont on fera usage dans les classes, le Bibliothécaire lui remettra un état de ceux qui existeront à la bibliothèque, pour qu'elle ne demeure pas chargée d'une trop grande quantité de certains livres qu'on auroit demandés dans un temps, & dont on ne voudroit plus faire usage dans un autre.

27.

POUR qu'on ne soit pas obligé d'avoir recours à trop de personnes différentes pour les choses qui regardent l'instruction des Élèves, le Bibliothécaire sera chargé de la distribution du papier, des plumes, des cartons, des écritoires & de tout ce qui sera à leur usage dans ce genre.

28.

TOUTES ces fournitures seront placées dans le dépôt

des livres claſſiques, & on obſervera, par rapport à l'achat & au payement qui en ſeront faits, le même ordre qui a été preſcrit ci-deſſus pour l'achat & le payement dés livres claſſiques. Le Bibliothécaire en tiendra d'ailleurs un regiſtre particulier.

29.

LA diſtribution de ces mêmes fournitures ne ſera jamais faite aux Élèves directement, mais aux Sous-maîtres de chacune des ſalles d'études entre leſquelles tous les Élèves ſont partagés. Ces Sous-maîtres en donneront des reçus viſés du Principal, & à ſon défaut d'un Sous-principal, & ils en ſuivront l'emploi avec l'attention & l'eſprit d'économie qui leur ſont recommandés dans le règlement qui concerne le Penſionnat.

30.

LE Bibliothécaire enregiſtrera les reçus des Sous-maîtres, & il aura ſoin de remettre au Principal, des notes de ces diſtributions pour qu'il ſoit en état de veiller à l'abus qu'on en pourroit faire.

31.

ON attachéra au ſervice de la bibliothèque & du dépôt des livres claſſiques & des autres fournitures, un Domeſtique intelligent & qui ſache écrire, pour aider le Bibliohécaire dans les détails de ſon emploi, & pour tenir la bibliothèque & le logement du Bibliothécaire dans une propreté convenable; on lui donnera des gages proportionnés à ſon travail, & il ſera habillé aux dépens du Collége comme les autres Domeſtiques.

32.

LE Bibliothécaire ne pourra pas s'absenter sans l'agrément du Bureau, & les permissions que le Bureau lui accordera, seront toujours mesurées sur le besoin, plus ou moins nécessaire que le Bibliothécaire en aura, & sur la nature de ses fonctions qui ne peuvent pas souffrir de longues interruptions : Il sera suppléé pendant ses absences par la personne qu'il présentera lui-même au Bureau, & dont il répondra, & en cas de maladie, par celle que nommera le Bureau.

33.

LE Sous-bibliothécaire sera supprimé ; & s'il peut être de quelque utilité au Collége, de le conserver en qualité de Sacristain, il en sera rendu compte par le Bureau au Secrétaire d'État ayant le département de la Guerre, qui prendra les ordres de Sa Majesté.

34.

LE Bibliothécaire après vingt années de service non interrompu, jouira de la pension d'Émérite, réglée à la somme de Cinq cents livres pour les Professeurs & Régens, par l'article 12 des Lettres patentes du 7 avril 1764 ; & dans le cas où un Sous-principal, un Professeur ou autre pouvant prétendre à la pension d'Émérite, quitteroit sa place pour remplir celle de Bibliothécaire, le temps qu'il aura passé dans sa première place lui sera utile pour la seconde, par rapport à la pension d'Émérite. FAIT au Conseil d'État du Roi, Sa Majesté y étant, tenu à Versailles le vingt-cinq mars mil sept cent soixante-quinze. *Signé* DU MUY.

LETTRES PATENTES DU ROI,

Concernant le Collège de la Flèche.

Données à Verfailles le 20 Mai 1776.

Regiſtrées en Parlement le 5 Juillet audit an.

LOUIS, PAR LA GRÂCE DE DIEU, ROI DE FRANCE ET DE NAVARRE : A tous ceux qui ces préſentes Lettres verront; SALUT. Après nous être occupés des moyens de perfectionner l'éducation & l'inſtruction des jeunes Gentils-hommes qui ſe deſtinent à la profeſſion des Armes, il ne nous reſte plus qu'à faire connoître nos intentions ſur ceux qui ſe trouveront appelés à l'état Eccléſiaſtique, ou aux fonctions honorables de la Magiſtrature, & qui ne ſont pas moins dignes de notre attention. C'eſt principalement en leur faveur que, par l'article 8 de notre Déclaration du 1.ᵉʳ février dernier, nous nous ſommes réſervés de nous expliquer ſur l'ancienne fondation du Collége royal de la Flèche. Ce monument reſpectable de la bienfaiſance de Henri IV, de glorieuſe mémoire, nous a paru d'autant plus propre à remplir nos vues, qu'il a été deſtiné par ſon auguſte Fondateur à l'éducation gratuite de la pauvre Nobleſſe, & qu'en affectant les places que nous nous propoſons d'y établir, aux enfans de tous les Gentils-hommes de notre royaume, ſans mettre de différence entre ceux qui nous auront ſervi dans nos Armées, dans la Magiſtrature & dans d'autres profeſſions également utiles à l'État, nous donnerons une nouvelle preuve de notre affection aux différentes claſſes dont notre Nobleſſe est composée. Nous aurions desiré pouvoir laisser le Collége sous l'administration qui y a été établie en 1764; mais, après nous être fait rendre compte de l'état de ses biens & de ses charges, ainsi que des Mémoires qui nous ont été adressés par notre Cour de Parlement, nous avons reconnu que, malgré les grandes libéralités des Rois nos prédécesseurs, les revenus dont il jouit ne seroient pas suffisans pour l'entretien de cent jeunes Gentilshommes, conformément au vœu de Henri IV, si nous ne prenions les mesures capables d'en simplifier & diminuer les dépenses. C'est par ces considérations que nous avons favorablement reçu la proposition qui nous a été faite par la Congrégation de la Doctrine Chrétienne, de se charger de l'administration dudit Collége, d'y entretenir dès aujourd'hui cinquante Gentilshommes, & d'en augmenter le nombre jusqu'à cent, à proportion de la diminution des charges & de l'amélioration des revenus; mais comme, au moyen de ce nouvel arrangement, l'affiliation de notredit Collége à notre Université de Paris, ne peut plus avoir lieu suivant l'article 9 des Lettres patentes du 7 avril 1767, nous nous sommes déterminés à l'affilier à notre Université d'Angers, & nous sommes persuadés qu'elle sentira tout le prix de cette nouvelle marque de notre bienveillance. Enfin, notredit collége de la Flèche se trouvant situé dans l'étendue de l'apanage de notre très-cher & très-amé Frère Louis-Stanislas-Xavier, nous nous sommes portés avec plaisir à lui donner une nouvelle marque de notre tendresse, en lui accordant dès aujourd'hui la présentation de douze des Gentilshommes qui seront élevés audit Collége. A CES CAUSES; de l'avis de notre Conseil, & de notre certaine science, pleine puissance & autorité royale, Nous avons dit, déclaré & ordonné; & par ces préfentes fignées de notre main, difons, déclarons & ordonnons, voulons & nous plaît ce qui fuit :

ARTICLE PREMIER.

NOUS avons accepté & approuvé, acceptons & approuvons les offres & foumiffions qui nous ont été faites par les Supérieurs-majeurs de la Congrégation de la Doctrine Chrétienne, de régir, gouverner & adminif-trer notre Collége de la Flèche, fous l'infpection de notre Secrétaire d'État ayant le département de la Guerre, ainfi qu'il eft porté en leur délibération du 11 du mois de mars dernier, laquelle demeurera annexée fous le contre-fcel des préfentes : Voulons en conféquence qu'à compter du 1.er Juillet prochain, ladite Congrégation foit mife en poffeffion & jouiffance de tous les biens & revenus qui ont été déclarés appartenir audit Collége par les Lettres patentes du 7 avril 1764, & defquels il a été envoyé en poffeffion par l'arrêt de notre Cour de Parlement du 21 août fuivant, de tout le mobilier qui exiftera audit Collége, lors de leur prife de poffeffion, comme auffi de toutes les acquifitions & conftructions qui ont été faites des fonds de l'École Royale-militaire, tant dans la ville & collége de la Flèche, qu'aux environs.

2.

LADITE Congrégation fera tenue de fatisfaire à toutes les charges defdits biens, d'en acquitter les fondations, d'entretenir de toutes réparations les bâtimens, fermes, métairies en dépendans, & d'adminiftrer tous lefdits biens & revenus en bons & fages Adminiftrateurs.

3.

LADITE Congrégation acquittera annuellement, entre les mains de l'Économe-séquestre des Bénéfices de notre royaume, la somme de Vingt mille livres jusqu'au 1.er janvier 1785, & celle de Quinze mille livres pendant les six années suivantes, desquelles sommes ledit Collége a été chargé par l'article 27 des Lettres patentes du 7 avril 1764, pour la contribution aux pensions des Jésuites.

4.

VOULONS pareillement que ladite Congrégation soit tenue d'établir dans ledit Collége un Pensionnat du même genre que ceux que nous avons désignés pour les Élèves de notre École Militaire, de se charger de l'enseignement de la Grammaire, des Humanités, de la Rhétorique, de la Philosophie, & même de la Théologie, & d'entretenir en outre tous les autres Maîtres nécessaires à l'exécution du plan d'instruction & d'éducation que nous avons approuvé, & que nous voulons être commun aux Externes & aux Pensionnaires.

5.

L'AFFILIATION & agrégation dudit Collége à l'Université de Paris, ne pouvant plus avoir lieu à l'avenir, aux termes de l'article 9 des Lettres patentes du 7 avril 1767, voulons que notredit Collége soit & demeure agrégé & affilié à notre Université d'Angers, & qu'en conséquence ceux qui auront fait leur cours de Philosophie & de Théologie dans le Collége des la Flèche, puissent se présenter aux examens dans notre Université d'Angers, & qu'ils y obtiennent, s'ils sont jugés capables, les degrés
de

de Maîtres-ès-Arts, & ceux de Bacheliers & Licenciés en Théologie, comme s'ils avoient étudié dans notre Université d'Angers.

6.

LES deux Professeurs de Philosophie, jouiront de Dix-huit cents livres pour appointemens, logement & nourriture, & ladite somme sera payée annuellement à chacun d'eux, ainsi que les pensions d'Émérite qu'ils feront dans le cas d'obtenir, aux termes de la Déclaration du 7 avril 1767, sur les revenus de l'École Royale-militaire.

7.

AVONS accordé & accordons au sieur Lambert, Principal dudit Collége, en récompense de ses services, une pension de six cents livres; à l'égard des Sous-principaux, Régens & autres Maîtres de l'Université qui y sont employés depuis plus de dix ans, ils jouiront de la pension d'Émérite de cinq cents livres, comme s'ils avoient rempli lesdites places pendant vingt ans; ceux qui les auront remplies pendant moins de dix années, ne jouiront que de trois cents livres de pension : lesdites pensions, ainsi que celle ci-devant accordée au sieur Morre, ancien Professeur de Sixième, seront payées sur les revenus de l'École Royale-militaire, & ne commenceront à courir que du jour que chacun d'eux aura cessé de remplir ses fonctions ordinaires.

8.

CE qui restera des biens & revenus dudit Collége royal de la Flèche, après l'acquittement de toutes charges énoncées aux articles ci-dessus, sera employé par ladite

Congrégation à la nourriture, éducation & entretien des jeunes Gentilshommes, à raison de sept cents livres pour la pension de chacun d'eux.

9.

LE nombre desdites places de Gentilshommes sera porté dès aujourd'hui à cinquante, & il sera augmenté successivement en proportion de l'amélioration des revenus & de la diminution des charges; nous réservant de procurer à ladite Congrégation les moyens de porter le nombre desdites places jusqu'à cent, conformément au vœu de Henri-le-Grand, de glorieuse mémoire, Fondateur dudit Collége.

10.

LESDITES places seront remplies par les enfans de tous les Gentilshommes de notre royaume, sans distinction des emplois civils ou militaires qu'ils auront exercés; ils pourront être reçus dans ledit Collége dès l'âge de huit ans, sans pouvoir y être admis passé l'âge de dix; & seront les dispositions de nos Édits & Déclarations concernant les preuves de noblesse requises pour être admis à l'École Militaire, exécutées pour l'admission desdits Gentilshommes dans ledit Collége de la Flèche.

11.

POUR donner à notre très-cher & très-amé Frère Louis-Stanislas-Xavier, une nouveau témoignage de notre affection, nous lui avons concédé le choix de douze desdites places, & en conséquence voulons que dès-à-présent, & sans attendre que le nombre en soit porté jufqu'à cent, il puiffe nous préfenter douze Gentils-hommes que nous nommerons fur fa préfentation, ce qui aura lieu à chaque vacance defdites places pendant fa vie; à l'égard du furplus defdites places, il y fera par nous nommé fur la préfentation qui nous en fera faite par notre Secrétaire d'État ayant le département de la Guerre.

12.

LES Élèves de l'École Royale-militaire qui, n'étant pas deftinés à la profeffion des armes, fortiront des Col-léges défignés par notre Déclaration du 1.er février der-nier, à l'âge de quatorze ou quinze ans accomplis, feront envoyés audit Collége de la Flèche, pour y continuer leurs études, jufqu'à la Philofophie incluffivement; & dans le cas où il n'y auroit pas de places vacantes, ils y feront nourris & entretenus pendant ledit temps aux frais de la fondation de l'École Royale-militaire, à raifon de fept cents livres chacun pour chaque année, nous réfervant de continuer ladite penfion à ceux qui voudront prendre les degrés de Docteur ou de Licencié, conformément à l'article 4 de notredite Déclaration.

13.

LA Congrégation de la Doctrine Chrétienne fera tenue de rendre compte à notre Secrétaire d'État ayant le dépar-tement de la Guerre, de tout ce qui concerne la difci-pline intérieure & l'inftruction des Élèves, & de tout ce qui concernera la régie & manutention des biens, au Bureau d'adminiftration établi par notre Déclaration du 1.er janvier dernier; elle ne pourra faire aucun emprunt, aliénation ni changement dans les biens en dépendans, non plus que dans les acquifitions & conftructions qui y ont été faites des fonds de l'École Royale-militaire, si ce n'est du consentement dudit Bureau d'administration. Voulions en conséquence que le Bureau d'administration, établi par l'article 8 des Lettres patentes du 7 avril 1764, demeure supprimé aussitôt après que ladite Congrégation aura pris possession dudit Collége.

14.

DANS le cas où ladite Congrégation ne rempliroit pas ses obligations envers nous & ledit Collége, elle sera tenue de nous remettre tous les biens dudit Collége en bon état de réparations, ensemble les titres de propriété & les meubles qui lui auront été confiés; à l'effet de quoi il sera dressé un état de tous les bâtimens, & fait inventaire & description des titres de propriété & des meubles, avec estimation d'iceux, dont & du tout elle se chargera au bas desdits état & inventaires, avant d'en prendre possession.

15.

CONFIRMONS, en tant que de besoin, notredit Collége dans tous les priviléges, droits & exemptions qui lui ont été accordés par les Rois nos prédécesseurs; voulions qu'il continue d'en jouir comme par le passé, & que les actes de fondation & dotation dudit Collége, ensemble les Édits, Déclarations & Lettres patentes le concernant, soient exécutés selon leur forme & teneur, en tout ce qui n'a pas été dérogé par notre présente Déclaration. SI DONNONS EN MANDEMENT à nos amés & féaux Conseillers les Gens tenant notre Cour de Parlement à Paris, que ces présentes ils aient à faire lire, publier & registrer; & le contenu en icelles garder,

obferver & exécuter felon leur forme & teneur : CAR
TEL EST NOTRE PLAISIR; en témoin de quoi nous
avons fait mettre notre fcel à cefdites préfentes. DONNÉ
à Verfailles le vingtième jour du mois de mai, l'an de
grâce mil fept cent foixante-feize, & de notre règne le
troifième. *Signé* LOUIS. *Et plus bas,* Par le Roi.
Signé SAINT-GERMAIN. Et fcellé du grand fceau
de cire jaune.

*Regiftrées, ouï & ce requérant le Procureur général du Roi, pour être
exécutées felon leur forme & teneur; & copies collationnées envoyées
aux Sénéchauffées de la Flèche & d'Angers, pour y être lûes, publiées
& regiftrées: Enjoint aux Subftituts du Procureur général du Roi
efdits Sièges, d'y tenir la main, & d'en certifier la Cour dans le
mois, fuivant l'arrêt de ce jour. A Paris, en Parlement, les
Grand'Chambre & Tournelle affemblées, le cinq juillet mil fept cent
foixante-feize. Signé* LE BRET.

---

*SOUMISSION de la Congrégation de la Doctrine
Chrétienne pour le Collége de la Flèche.*

NOUS Supérieur général de la Congrégation de la Doctrine
Chrétienne, & Prêtres compofant fon Confeil, inftruits que l'intention de Sa Majefté eft de nous confier le Collége de la Flèche, &
defirant de lui donner une preuve de notre zèle & de notre foumif-
fion à fes ordres, avons déclaré & déclarons que, s'il plaît à Sa Majefté
de perfévérer dans les mêmes intentions, & de nous confier le Collége de la Flèche, nous recevrons avec reconnoiffance la preuve de
confiance dont Elle daignera nous honorer, & tâcherons d'y répondre
en n'omettant rien pour l'amélioration & perfection de l'enfeignement
dans ledit Collége:

En conféquence, nous y entretiendrons un Principal, un Préfet
des Études, les Régens pour les baffes Claffes, Humanités & Rhétorique, & généralement tous les Maîtres qui feront néceffaires pour la
conduite des Penfionnaires en quelque nombre qu'ils puiffent être.

En cas qu'il plaise au Roi, de laisser le Collége de la Flèche affilié à l'Université de Paris pour la Philosophie, nous consentirons à ce qu'elle y soit enseignée par des Professeurs de ladite Université; avec lesquels nous saurons nous concilier, conformément au Réglement qui sera fait; mais nous croyons que pour leur avantage, comme pour le nôtre, ils doivent recevoir un traitement honnête & suffisant pour qu'ils ne soient pas tenus de loger dans le Collége ni d'y être nourris, à ce n'est de gré à gré, & par convention expresse entre eux & nous. Cette liberté mutuelle nous paroissant le véritable moyen d'entretenir l'harmonie, & de prévenir toutes plaintes.

Outre les Maîtres ci-dessus désignés, tant pour les Classes que pour le Pensionnat, & qui seront pris parmi nous, nous entretiendrons des Maîtres d'Allemand, d'Anglois & d'Italien, ainsi que des Maîtres de Mathématiques, de Dessin, & même de Danse, de Musique & d'Escrime, suivant les besoins & les talens des Pensionnaires; & nous aurons soin que les Externes même puissent profiter desdits Maîtres, de manière que chacun puisse recevoir dans ledit Collége la meilleure éducation & la plus analogue à ses dispositions & à la profession qu'il doit suivre.

Nous nous obligerons encore à faire tous les ans, indépendamment du Cours de Philosophie fait par les Professeurs de l'Université, si Sa Majesté juge à propos d'y en envoyer, un Cours de Physique expérimentale, même à faire donner des leçons de Droit naturel & de Droit public, soit par un de nous, soit par des Maîtres étrangers, & nous nous arrangerons à cet effet avec les Professeurs de Philosophie pour que ces différens enseignemens ne puissent se nuire, mais au contraire se soutenir & s'aider.

Nous entretiendrons dans ledit Collége un Pensionnat, non-seulement pour ceux qui seront envoyés par le Roi, mais encore pour ceux que les parens voudront nous confier; & ledit Pensionnat sera établi comme ceux de l'Ecole Militaire & d'après les mêmes réglemens, & la pension y sera fixée à sept cens livres pour chacun des Pensionnaires; au moyen desquelles ils seront logés, nourris, entretenus & enseignés comme ceux desdits Colléges.

Dans les sept cens livres de la pension, nous comprendrons le payement des Maîtres étrangers qui seront payés par nous & pour lesquels il ne sera rien demandé aux Pensionnaires. A l'égard des Externes, ils ne payeront rien pour l'éducation commune des Classes, qui comprendra le François, le Latin, le Grec; mais si quelques-uns d'entr'eux vouloient profiter des autres Maîtres, il ne pourra être exigé plus de trois livres par mois de chacun des Externes pour chaque Maître; & alors les Externes en recevront les leçons comme les Pensionnaires; comme aussi ceux d'entr'eux qui voudront payer six livres par mois, profiteront de tous les Maîtres sans distinction.

Nous nous soumettrons d'ailleurs, pour la manutention du Collége, aux réglemens & instructions qu'il plaira à Sa Majesté de nous faire donner, & nous espérons qu'Elle voudra bien nous permettre de lui proposer tous ceux qui pourront tendre au besoin & à l'avantage de l'éducation.

Si Sa Majesté daigne nous faire remettre, comme nous osons l'en supplier, une partie des effets qui se trouvent actuellement à la Flèche, nous les recevrons par inventaire : & en cas que nous venions à quitter le Collége, nous remettrons la même quantité desdits effets ou leur valeur, d'après l'estimation qui en sera été faite.

Nous nous chargerons du desservice de la Chapelle & d'en acquitter les fondations; & le mobilier de ladite Chapelle nous sera pareillement remis, ainsi que la bibliothèque, le tout sous inventaire, ainsi qu'il est dit pour les autres effets.

Nous serons en état de commencer le Cours d'études au mois d'Octobre prochain; & d'ici à ce temps nous pourrons commencer à nous établir dans le Pensionnat.

Nous nous chargerons de la régie & administration des biens du Collége de la Flèche, sans en prétendre aucunement la propriété, non plus que des bâtimens, qui seront seulement à nos frais pour l'entretien; & nous prendrons l'entretien desdits bâtimens sur les profits du Pensionnat, desquels il ne sera par nous rendu aucun compte.

Nous gérerons les biens dudit Collége en bons & fidèles Administrateurs; nous en acquitterons les charges locales, féodales, foncières & autres, entretiendrons les bâtimens en dépendans, & soutiendrons les procès à nos frais, & sans aucune répétition pour ladite jouissance & administration: nous payerons sur les revenus les sommes dûes pour les Jésuites, tant qu'elles existeront.

Comme, lesdites charges prélevées, il ne restera guère qu'une somme de quarante-neuf mille huits cents livres de libre, nous croyons ne pas nous prévaloir ni faire une demande excessive, en proposant que, sur lesdites quarante-neuf mille huit cents livres, il nous soit donné quinze mille livres pour la nourriture & entretien de ceux de notre Congrégation que nous serons obligés de tenir dans ledit Collége.

En conséquence de cette demande, Sa Majesté pourra dès le 1.er Octobre, disposer de la somme de trente-cinq mille livres, sur laquelle

Elle donnera cinquante bourses de sept cents livres chacune ; & nous nous soumettrons à recevoir en conséquence, par ses ordres, au mois d'Octobre prochain, cinquante Gentilshommes nommés par Sa Majesté, & à fournir à leur entretien & instruction, ainsi que nous ferons pour les autres Pensionnaires, & conformément à ce qui a été dit ci-dessus & aux réglemens qui nous feront donnés.

A mesure que les pensions accordées aux Jésuites, viendront à s'éteindre, nous serons obligés de recevoir sur les fonds dudit Collége, un plus grand nombre de Pensionnaires envoyés par le Roi, & ledit nombre de Pensionnaires augmentera successivement & en raison de la portion des revenus qui demeurera libre.

Nous nous soumettrons encore à rendre compte au Ministre de la Guerre & au Bureau d'administration établi par la Déclaration du 1.er février dernier, concernant l'École Militaire, de la discipline, manutention & régie du Collége & des biens en dépendans, sans pouvoir faire aucun changement dans lesdits biens, non plus que dans les acquisitions & constructions qui ont été faites, entreprendre aucun procès concernant la propriété & non la jouissance des revenus : faire aucune coupe de bois extraordinaire, entreprendre aucune construction nouvelle, si ce n'est du consentement dudit Bureau d'administration, & sans préjudice des autres formes requises par les Ordonnances du Royaume.

Nous nous abstenons au surplus d'entrer dans aucun détail plus long des conditions que nous pourrions proposer, étant bien persuadés qu'il ne nous en sera pas fait qu'il ne soit en notre pouvoir de remplir, étant disposés à exécuter avec zèle celles qui pourront tendre au bien du Collége & à la satisfaction de Sa Majesté. FAIT à Paris, ce onze mars mil sept cent soixante - seize. Signé CHASTENET DE PUYSÉGUR, Supérieur général. BOISSIER, Assistant général. CAZENAVE, Assistant général. MINARD, Assistant général. BONNEFOUX, Secrétaire général. JAUBERT, Procureur général.

Registrée, ouï & ce requérant le Procureur général du Roi, pour être exécutée selon sa forme & teneur ; & copies collationnées envoyées aux Sénéchaussées de la Flèche & d'Angers, pour y être lûe, publiée & registrée : Enjoint aux Substituts du Procureur général du Roi esdits Siéges, d'y tenir la main & d'en certifier la Cour dans le mois, suivant l'arrêt de ce jour. A Paris en Parlement, les Grand'Chambre & Tournelle assemblées, le cinq juillet mil sept cent soixante seize. Signé LE BRET.

LETTRES

LETTRES PATENTES DU ROI,

Portant règlement, concernant la régie & administration du Collége de la Flèche & les Élèves dudit Collége.

Données à Verſailles le 8 Décembre 1779.

Regiſtrées en Parlement le 29 Août 1780.

LOUIS, PAR LA GRÂCE DE DIEU, ROI DE FRANCE ET DE NAVARRE: A tous ceux qui ces preſentes Lettres verront; SALUT. D'après le compte que nous nous ſommes fait rendre, tant de l'adminiſtration intérieure, que de celle des biens & revenus du Collége royal de la Flèche, nous avons reconnu avec une véritable ſatisfaction que, non-ſeulement cet établiſſement ſi digne de la munificence de ſon auguſte Fondateur, proſpéroit ſous la direction ſage, éclairée & pleine de zèle des Prêtres de la Doctrine Chrétienne à qui nous l'avons confié, mais encore qu'il pourroit ſe ſoutenir avec diſtinction, ſans les ſecours que nous avions cru néceſſaires de lui aſſigner par nos Lettres patentes du 20 mai 1776, ſur les revenus de l'École royale-militaire, leſquels d'ailleurs conſacrés à la ſeule Nobleſſe qui ſe deſtine à la profeſſion des armes, ne peuvent être, ſans une abſolue néceſſité, divertis à un autre emploi, quoiqu'également digne de notre bienfaiſance; déterminés par cette double conſidération, nous avons cru devoir, par de nouvelles Lettres, affranchir l'École royale-militaire de toutes charges quelconques, relatives au

LIIII

Collége de la Flèche, & expliquer plus amplement notre volonté sur certaines dispositions desdites Lettres patentes du 20 mai 1776. A CES CAUSES, de l'avis de notre Conseil, & de notre certaine science, pleine puissance & autorité royale, Nous avons dit, déclaré & ordonné ; & par ces présentes signées de notre main, disons, déclarons & ordonnons, voulons & nous plaît ce qui suit :

ARTICLE PREMIER.

LA Congrégation de la Doctrine Chrétienne, continuera de régir, gouverner & administrer le Collége royal de la Flèche, sous l'inspection du Secrétaire d'État ayant le département de la guerre ; elle sera maintenue en possession & jouissance, en tous fruits, profits & revenus, de tous les bâtimens & de tous les biens dont ledit Collége jouit ou doit jouir, y compris ceux acquis par l'École militaire, & qui sont & resteront à jamais unis audit Collége : N'entendons comprendre dans le présent article les hautes futaies, dont le produit ne sera jamais partie des revenus cédés à la Congrégation ; sa destination sera expliquée ci-après.

2.

LA Congrégation conservera également la possession & jouissance de tous les meubles, effets, livres, ornemens d'église & titres qu'elle a trouvés lors de sa prise de possession du Collége, & dont il avoit été fait inventaire & estimation, arrêtés en mars 1777, lesquels elle rendra en pareille quantité & qualité ou valeur, dans le cas où elle cesseroit de desservir le Collége.

3.

ELLE sera en conséquence tenue d'acquitter ou faire

acquitter toutes les fondations dont les biens à elle attribués peuvent être grévés, & de payer tous les cens, rentes & autres charges généralement quelconques dûes sur iceux: comme aussi d'acquitter tous les devoirs féodaux, & faire rendre tous ceux dûs au Collége, & à cet effet faire tenir toutes assises nécessaires.

4.

LA jouissance qui est accordée à la Congrégation, étant indéfinie, elle sera chargée d'entretenir tous les biens dans le meilleur état de culture, & tous les bâtimens en tout état de réparations grosses & menues, quels que soient les cas qui peuvent y donner lieu, sans qu'en aucun, même imprévu, sous aucun prétexte, elle puisse prétendre y faire contribuer l'École royale-militaire, non plus qu'à aucune des autres charges détaillées dans les articles précédens.

5.

L'ÉCOLE royale-militaire ayant, depuis trois années & dans le cours de la dernière, entrepris différentes réparations urgentes, notamment celles des bâtimens même du Collége, elle payera tous les ouvrages faits jusqu'au 1.er janvier 1780; & la Congrégation payera tous ceux auxquels il sera travaillé après ledit jour, quoiqu'ils aient été ordonnés & commencés par l'École royale-militaire, sans pouvoir à cet égard répéter de ce dernier établissement au-delà des bois & matériaux qu'il pourroit avoir acquis & préparés pour la consommation desdits ouvrages, & qu'il abandonnera sans aucune rétribution à la Congrégation, laquelle acceptant avec connoissance de cause les biens & les bâtimens en l'état où ils se trouveront au 1.er janvier 1780, ne sera jamais fondée à demander que l'École militaire les lui livre en meilleur état.

6.

LA Congrégation se chargera également de tous les procès du Collége intentés ou à intenter, soit que l'objet concerne la propriété dudit Collége ou seulement la jouissance à elle abandonnée ; elle n'en pourra cependant intenter ni soutenir aucun qui ait rapport à la propriété directement ou indirectement, qu'après avoir préalablement pris avis par écrit d'un ou de plusieurs Avocats, & en avoir rendu compte au Secrétaire d'État ayant le département de la guerre.

7.

ELLE continuera d'acquitter tous les ans, entre les mains de l'Économe-séquestre des bénéfices de notre royaume, la somme de vingt mille livres jusqu'au 1.er janvier 1785, & celle de quinze mille livres pendant les six années suivantes, pour la contribution aux pensions des Ex-Jésuites ; à l'expiration desquelles lesdites sommes seront destinées à augmenter le nombre des Gentilshommes gratuitement élevés dans ce Collége, ainsi qu'il sera plus amplement expliqué ci-après.

8.

LA Congrégation sera seule chargée des frais d'entretien des deux Professeurs de Philosophie, ainsi que de tous autres Professeurs & Maîtres, & ne pourra en aucun cas y faire contribuer l'École militaire, encore moins aux penſions d'Émérite que leſdits Profeſſeurs & Maîtres pourroient être dans le cas d'obtenir; dérogeant formellement, à cet égard, à l'article 6 de nos Lettres patentes du 20 mai 1776, qui ſera cenſé non avenu.

9.

L A Congrégation, pour indemniſer l'École militaire de la perte de ſes bâtimens à la Flèche, ainſi que des dépenſes conſidérables qu'elle a été obligée de faire aux biens & bâtimens du Collége depuis l'époque à laquelle la Congrégation eſt entrée en jouiſſance d'icelui, ſera chargée, ſelon ſes offres & ſoumiſſions, de contribuer tous les ans pour un tiers, aux penſions que l'École militaire paye aux perſonnes qui ont été employées audit Collége avant ladite époque, & dont le total actuel eſt de dix mille ſix cents livres; auquel effet il ſera remis à la Congrégation une copie collationnée de l'état deſdites penſions, & chaque année il lui ſera donné avis des Penſionnaires décédés: chaque année de ſon côté, elle payera à l'École militaire le tiers du montant auquel ledit état ſera réduit, bien entendu que ladite charge diminuera à proportion de l'extinction deſdites penſions, & que cette diminution ne pourra être un prétexte d'augmentation du nombre des Gentilshommes élevés gratuitement: bien entendu auſſi que l'École militaire ne pourra jamais former aucune prétention ultérieure, ſoit pour raiſon de la réunion deſdits bâtimens, ſoit pour raiſon des dépenſes par elle faites pour le Collége; il ne ſera non plus demandé aucun compte à la Congrégation des revenus du Collége dont elle a joui juſqu'ici, toute action reſpective demeurant éteinte par les diſpoſitions des Préſentes.

10.

Déterminés par les mêmes motifs & considérations que ceux portés en l'article précédent, nous déchargeons l'École militaire de la somme de dix mille huit cents livres que la Congrégation a droit de lui répéter pour les appointemens de trois années, fixés par Lettres patentes du 20 mai 1776, à deux Professeurs de Philosophie.

11.

Le nombre des jeunes Gentilshommes à nous présentés dans les formes usitées jusqu'ici & d'après les qualités requises, & par nous nommés, qui seront nourris, entretenus & élevés sur les revenus du Collége, à raison de sept cents livres par tête, restera fixé à cinquante, jusqu'à ce qu'une amélioration sensible des revenus, ou une diminution des charges puissent l'augmenter; ce qui arrivera lorsque le 1.er janvier 1785, la pension des Ex-jésuites sera réduite à quinze mille livres, & lorsque le 1.er janvier 1791 elle sera totalement éteinte : à la première de ces époques, le nombre des Élèves sera de cinquante-sept, & à la seconde, de soixante-dix-huit. L'augmentation aura encore lieu lorsque le temps de la coupe des hautes-futaies du Collége sera revenu ; le produit d'icelle sera principalement destiné à porter le nombre desdites places à cent, conformément au vœu de Henri-le-Grand, de glorieuse mémoire, Fondateur du Collége : Nous nous réservons d'employer le surplus dudit produit à l'avantage de la Noblesse de notre royaume & aux différens besoins du Collége, tels que les remboursemens d'emprunts que le Collége auroit été autorisé de faire.

1 2.

LES Éléves qui fortiront de l'École royale-militaire, & fe deftineront, foit à l'État eccléfiaftique, foit aux fonctions de la Magiftrature, feront envoyés au Collège de la Flèche pour y continuer leurs études : favoir, les premiers jufqu'à la Théologie inclufivement, & les feconds jufqu'à la Philofophie auffi inclufivement, & y obtiendront de préférence lefdites places gratuites, s'il y en a de vacantes ; les premiers ayant fini leur Théologie, c'eft-à-dire, le temps requis pour le grade de Bachelier, & les feconds, leur Philofophie, feront retirés par leurs parens, fans pouvoir efpérer d'ultérieurs fecours de l'École militaire, dont les fonds font uniquement confacrés à la Nobleffe qui fe deftine à la profeffion des armes. Néanmoins s'il eft reconnu, d'après un férieux examen, que les Élèves du Collège de la Flèche ne font appelés ni à l'état Eccléfiaftique, ni à la Magiftrature, mais au fervice militaire, ils feront envoyés pour lors dans une des Écoles militaires de notre royaume, ou même dans l'Hôtel de notre École militaire à Paris.

1 3.

LE Collège continuant d'être fous la dépendance immédiate du Secrétaire d'État ayant le département de la guerre, la Congrégation fera tenue de lui rendre compte de tout ce qui concerne la difcipline intérieure & l'inftruction des Élèves ; &, à cet effet, lefdits Élèves feront chaque année infpectés par l'Infpecteur général ou le Sous-infpecteur général des Écoles royales - militaires, ou tel autre qu'il plaira au Miniftre de commettre : la Congrégation ne pourra vendre, aliéner, engager, hypothéquer ni dénaturer aucune portion des biens & bâtimens du Collége, sans la permission dudit Secrétaire d'État, auquel elle sera toujours prête de rendre compte de leur bon état & de leur valeur.

14.

CONFIRMONS, en tant que besoin, notredit Collége dans tous les priviléges, droits & exemptions qui lui ont été accordés par les Rois nos prédécesseurs : Voulons qu'il en jouisse comme du passé, & que les Édits, Déclarations & Lettres patentes, notamment celles du 20 mai 1776, soient exécutées selon leur forme & teneur, en tout ce qui n'a pas été dérogé par les Présentes. SI DONNONS EN MANDEMENT à nos amés & féaux Conseillers les Gens tenant notre Cour de Parlement à Paris, que ces Présentes ils aient à faire lire, publier & regiſtrer ; & le contenu en icelles garder, observer & exécuter selon leur forme & teneur : CAR TEL EST NOTRE PLAISIR ; en témoin de quoi nous avons fait mettre notre ſcel à ceſdites Présentes. DONNÉ à Versailles, le huitième jour du mois de décembre, l'an de grâce mil sept cent soixante-dix-neuf, & de notre règne le sixième. *Signé* LOUIS. *Et plus bas*, Par le Roi. *Signé* LE PRINCE DE MONTBARREY. Et scellées du grand sceau de cire jaune.

Regiſtrées, ce conſentant le Procureur général du Roi, pour jouir par les Impétrans de leur effet & contenu, & être exécutées selon leur forme & teneur, suivant l'arrêt de ce jour. A Paris, en Parlement, le vingt-neuf août mil sept cent quatre-vingt.
Signé YSABEAU.

MÉMOIRE INSTRUCTIF

Sur les formalités à remplir par les Parens qui demandent des Places au Collége royal de la Flèche, pour leurs Enfans.

LE ROI, en rétablissant dans le Collége de la Flèche, par ses Lettres patentes du 20 mai 1776, l'ancienne fondation faite par Henri IV, en faveur de la Noblesse indigente, a voulu que les Enfans qui seroient présentés pour remplir les places de cette fondation, fussent assujettis aux mêmes preuves de Noblesse, que celles que sont tenus de faire les Élèves de ses Écoles militaires, c'est-à-dire, de quatre degrés du côté du Père seulement, & qu'ils observassent d'ailleurs les mêmes formalités, par rapport à leur admission.

Les Élèves du Collége royal de la Flèche, doivent être admis sans distinction des emplois civils ou militaires que leurs pères auront exercés; ainsi la distinction des classes établie par l'Édit de création de l'École royale militaire, n'a point lieu pour leur admission dans ce Collége.

Les Enfans proposés pour le Collége royal de la Flèche, pourront y être reçus dès l'âge de huit ans, & ne pourront plus l'être passé celui de dix ans.

La première condition que l'on exige, est qu'ils fassent preuve, par titres, de quatre degrés de Noblesse paternelle. Il est inutile sans cela qu'ils se présentent.

La seconde, qu'ils soient pauvres.

La troisième, qu'ils soient bien conformés.

Et la quatrième, qu'ils sachent lire & écrire, pour pouvoir être appliqués tout de suite à l'étude des Langues.

Il est nécessaire au surplus que les Parens qui proposeront des Enfans pour le Collége royal de la Flèche, s'adressent à M.ʳˢ les Intendans des Généralités où ils sont domiciliés, ou à leurs Subdélégués sur les lieux, chacun pour ce qui concerne sa subdélégation; toute autre voie seroit inutile & occasionneroit aux Parens des peines & des démarches qu'ils doivent s'épargner.

Mmmmm

Ils remettront à M.rs les Intendans ou à leurs Subdélégués:

1.° L'extrait baptistère, légalisé, de l'enfant proposé. Cet extrait doit faire mention du jour de la naissance, ainsi que cela est prescrit par l'Ordonnance de 1667, & il faut que les dates soient écrites en toutes lettres & non en chiffres.

2.° Si le père est mort, il est nécessaire de produire son extrait mortuaire en bonne forme.

3.° On observera la même chose par rapport à la mère.

4.° L'intention du Roi étant qu'il ne soit admis aux places du Collége de la Flèche, aucun enfant dont les Parens pourroient se passer de ce secours; le bien des pères & mères, ou celui des enfans eux-mêmes, s'ils n'ont ni père ni mère, sera constaté par M.rs les Intendans ou par leurs Subdélégués, qui en délivreront un certificat détaillé, vérifié sur le rôle des impositions, & attesté conforme à la commune renommée par deux Gentilshommes voisins, par les Gouverneurs des provinces où le domicile des Parens sera situé, ou à leur défaut, par les Commandans desdites Provinces, & enfin par l'Évêque Diocésain.

5.° Pour constater la bonne conformation & même la bonne constitution des enfans proposés, les parens en rapporteront un certificat signé par un Médecin ou un Chirurgien, ou par les deux ensemble.

6.° A toutes les pièces ci-dessus, il est nécessaire que les parens joignent un Mémoire qui renferme exactement les éclaircissemens demandés ci-après.

1.° Sont-ils en état de faire preuve, par titres, de quatre degrés de Noblesse du côté du père seulement? Il est inutile qu'ils remettent leurs titres à M.rs les Intendans; on aura soin de les leur demander lorsque leurs enfans auront été agréés par le Roi.

2.° Noms & surnoms du père.

3.° Son âge.

4.° Exerce-t-il quelqu'emploi, soit dans la Magistrature, soit dans les Armées? S'il a quelque parent ou quelqu'un de ses ancêtres qui se soit distingué dans l'une ou l'autre de ces professions, il sera bien de le dire en peu de mots.

5.° La mère est-elle vivante?

6.° Noms & surnoms des enfans proposés. Plusieurs frères peuvent être présentés en même temps.

7.° Quel est le nombre de leurs frères & sœurs !

8.° Les enfans proposés savent-ils lire & écrire ! Ils doivent s'attendre à être examinés sur ces deux points avant leur réception au Collége.

9.° Ont-ils été confirmés & ont-ils fait leur première Communion !

10.° Sont-ils bien conformés !

11.° Sont-ils élevés dans la maison paternelle, dans des Pensions ou des Colléges !

12.° Quel est le lieu de l'habitation des parens, le diocèse, la généralité, la subdélégation & le bureau de poste où l'on doit adresser les lettres que l'on peut être dans le cas de leur écrire !

13.° Quel est l'état de la fortune des parens ! Il ne faut pas que la famille néglige de rapporter sur cela un certificat dans la forme indiquée ci-dessus.

Nota. *Les Parens qui auront eu avis que les enfans qu'ils auront présentés, sont inscrits, doivent se dispenser d'employer de nouvelles protections ou recommandations, & d'écrire eux-mêmes ultérieurement : s'ils le font, ils doivent s'attendre à ne recevoir aucune réponse.*

F I N.